# plurall

CB137194

Parabéns!
Agora você faz parte do **Plurall**, a plataforma digital do seu livro didático!
No **Plurall**, você tem acesso gratuito aos recursos digitais deste livro por meio do seu computador, celular ou *tablet*.

Venha para o **Plurall** e descubra uma nova forma de estudar!
Baixe o aplicativo do **Plurall** para Android e IOS ou acesse **www.plurall.net** e cadastre-se utilizando o seu código de acesso exclusivo:

**AASBBXADA**

Este é o seu código de acesso Plurall. Cadastre-se e ative-o para ter acesso aos conteúdos relacionados a esta obra.

@plurallnet

@plurallnetoficial

SOMOS EDUCAÇÃO

# 2

## INTERPRETAÇÃO DE

# TEXTOS

### DESENVOLVENDO A COMPETÊNCIA LEITORA

WILLIAM
**CEREJA**

Professor graduado em Português e Linguística e licenciado em Português pela USP
Mestre em Teoria Literária pela USP
Doutor em Linguística Aplicada e Análise do Discurso pela PUC-SP

CILEY
**CLETO**

Professora graduada e licenciada em Português pela USP
Mestra em Linguística e Semiótica pela USP

Atual Editora

**Editora Saraiva**

**Presidência:** Mario Ghio Júnior
**Direção editorial:** Lidiane Vivaldini Olo
**Gerência editorial:** Viviane Carpegiani
**Gestão de área:** Noé G. Ribeiro
**Edição:** Daniella Szeko Zerbinatti, Fernanda Carvalho, Mônica Rodrigues de Lima e Paula Junqueira
**Planejamento e controle de produção:** Flávio Matuguma, Juliana Batista, Felipe Nogueira e Juliana Gonçalves
**Revisão:** Kátia Scaff Marques (coord.), Brenda T. M. Morais, Claudia Virgilio, Daniela Lima, Malvina Tomáz e Ricardo Miyake
**Arte:** André Gomes Vitale (ger.), Catherine Saori Ishihara (coord.) e Carlos Magno (edição de arte)
**Diagramação:** Select Editoração
**Iconografia e tratamento de imagem:** Denise Kremer e Claudia Bertolazzi (coord.), Camila Losimfeldt (pesquisa iconográfica) e Fernanda Crevin (tratamento de imagens)
**Licenciamento de conteúdos de terceiros:** Roberta Bento (ger.), Jenis Oh (coord.), Liliane Rodrigues, Flávia Zambon e Raísa Maris Reina (analistas de licenciamento)
**Ilustrações:** Adolar, Felipe Camêlo, Biry Sarkis, David Martins, Hélio Senatore, Ideário Lab, Jean Galvão, Jefferson Galdino, Estúdio Mil e Vanessa Alexandre
**Cartografia:** Eric Fuzii (coord.) e Robson Rosendo da Rocha
**Design:** Erik Taketa (coord.) e Adilson Casarotti (proj. gráfico e capa)
**Foto de capa:** Rohit Dhanaji Shinde/Shutterstock; koretskiyart/Shutterstock; George Rudy/Shutterstock


Avenida Paulista, 901, 6º andar – Bela Vista
São Paulo – SP – CEP 01310-200
http://www.somoseducacao.com.br

**Dados Internacionais de Catalogação na Publicação (CIP)**

Cereja, William Roberto
Interpretação de textos 1° a 5° ano / William Roberto Cereja, Ciley Cleto. -- 2. ed. -- São Paulo : Atual Editora, 2020.
(Interpretação de textos ; vol. 1 ao 5)

1. Língua portuguesa (Ensino fundamental) 2. Língua portuguesa (Ensino fundamental) I. Título II. Cleto, Ciley

20-1407 CDD 372.6

Angélica Ilacqua - CRB-8/7057

**2020**
Código da obra CL 801858
CAE 722387 (AL) / 722388 (PR)
ISBN 9788547237349 (AL)
ISBN 9788547237356 (PR)
2ª edição
1ª impressão
De acordo com a BNCC.

Impressão e acabamento: Corprint

Uma publicação SOMOS EDUCAÇÃO

# Apresentação

Blend Images/Easypix Brasil

**Caro estudante:**

Você já notou como estamos rodeados por textos? Eles estão nas ruas, nos cartazes, nos letreiros de ônibus, nas placas, nos outdoors, nas receitas de bolo...

Também estão nas mensagens que enviamos e recebemos, nas contas para pagar, nos bilhetes deixados na mesa ou na geladeira...

Estão nos jornais, nas revistas, nos livros e na Internet. Estão nas histórias em quadrinhos, nos filmes, nas canções, na pintura, nas instruções de jogo...

Os textos fazem parte da nossa vida! Saber lê-los adequadamente é poder participar ativamente da vida e do mundo.

Nós, autores, escrevemos este livro para ajudá-lo a aprender a ler de verdade e, por meio da leitura, descobrir um mundo maravilhoso que espera por você.

Nesse mundo há de tudo: de príncipes e princesas até personagens incríveis, como Menino Maluquinho, Mônica, Cebolinha, Mafalda, Suriá, Gaturro e vários outros. Você vai se divertir muito e também vai refletir, discutir, opinar...

Com este livro, queremos ajudá-lo a crescer: crescer como leitor e crescer como pessoa!

Para começar, é fácil: basta virar esta página!

Um abraço,
Os autores

Jefferson Galdino/Arquivo da editora

# SUMÁRIO

## CAPÍTULO 1


**Vai começar o espetáculo!** ........ 8

*Charivari*, Laura Knight 8

*Embaraço*, Celina Ferreira 10

*A foca*, Vinícius de Morais 11

**Vamos cantar?** ........ 12

**Exercícios** ........ 13

Bridgeman Images/Easypix Brasil/Museu e Galeria de Arte Newport, Newport, Inglaterra.

## CAPÍTULO 2


**Cotidiano entre textos** ........ 20

Calendário de 2021 20

Página do diário de Julieta, Ziraldo 22

Etiqueta de mala de viagem 23

**Exercícios** ........ 25

David Martins/Arquivo da editora

## CAPÍTULO 3


**Leitura** .......... **32**

Cartaz do Dia Nacional do Livro Infantil 32

Texto de campanha da Biblioteca Pública Municipal de São Carlos 35

Trecho do jornal *Joca* 37

**Exercícios** .......... 39

Prefeitura Municipal de Teotônio Vilela/Secretaria Municipal de Cultura e Juventude

## CAPÍTULO 4


**Meus amigos** .......... **46**

*Foto* 46

História em quadrinhos de Ziraldo 48

*AVÔ e AVÓ*, Elias José 49

**Vamos declamar?** .......... 50

**Exercícios** .......... 51

Sergey Novikov/Shutterstock

## CAPÍTULO 5


**Bichos do coração** .......... **60**

Cartum de Serre 60

*O cão*, Claudio Thebas 62

*O gato*, Claudio Thebas 62

*Tira de Alexandre Beck* 64

**Exercícios** .......... 65

©Serre/Acervo do cartunista

# SUMÁRIO

## CAPÍTULO 6


**Respeito, a base de tudo!** .......... **72**

Turma da Mônica, Mauricio de Sousa 72

Cartaz da peça *O Pequeno Príncipe* 74

Regras de convivência de uma sala de aula 75

**Exercícios** .......... 76

## CAPÍTULO 7


**Eu e o outro...** .......... **82**

*Denise com carneiro branco*, Candido Portinari 82

*O Carneirinho*, Ferreira Gullar 84

Quadrinhos de Mauricio de Sousa 85

**Exercícios** .......... 87


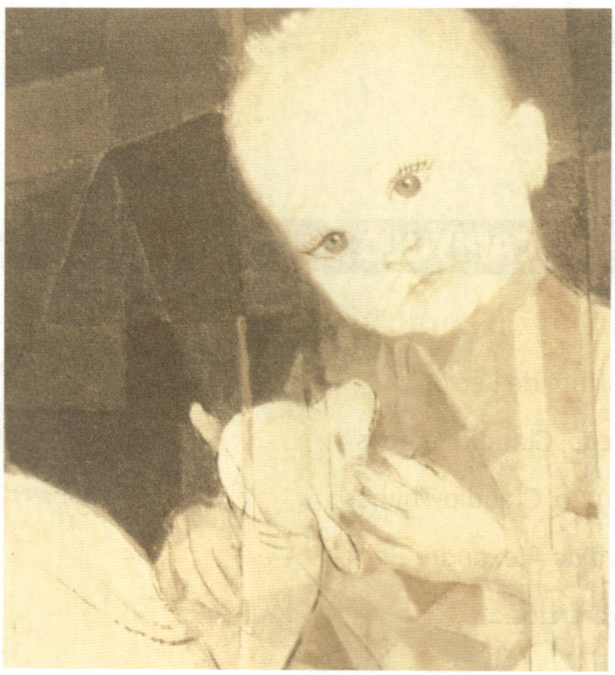

## CAPÍTULO 8


**Descobertas** ........ 94

*Verbetes de curiosidade* 94

*Tabela* – Número de horas de sono recomendável de acordo com a idade 96

Texto de divulgação científica 98

**Exercícios** ........ 99

**Vamos cantar?** ........ 107

David Martins/Arquivo da editora

## CAPÍTULO 9


**Vamos fazer arte?** ........ 108

Papel machê, Mauricio de Sousa 108

Anúncio da Feira do Livro de Mossoró 110

Trecho da página de abertura do *site* do SESC – SP 112

**Exercícios** ........ 114

© Mauricio de Sousa/Mauricio de Sousa Editora Ltda.

## CAPÍTULO 10


**Ser cidadão** ........ 122

Cartaz da campanha *Praia Limpa, Praia Viva* 122

Cartaz 124

*É certo pegar coisas de amigos?*, Rosely Sayão 125

**Exercícios** ........ 128

**Vamos cantar?** ........ 130

Associação Comercial e Industrial de Araguaína – ACIARA/Sebrae/Prefeitura de Araguaína


**BIBLIOGRAFIA** ........ 136

# CAPÍTULO 1

# Vai começar o espetáculo!

Você já foi ao circo? Se sim, do que gostou mais: dos palhaços, dos malabaristas, dos trapezistas ou do mágico? Se você fosse um artista de circo, qual profissão escolheria? Por quê?

## TEXTO 1

Observe esta pintura:

Bridgeman Images/Easypix Brasil/Museu e Galeria de Arte Newport, Newport, Inglaterra.

*Charivari* (1928), de Laura Knight.

1 Que lugar a pintura mostra? Escreva:

2 Quem são as pessoas que estão na arquibancada? Escreva:

3 Quem são as pessoas que estão no centro da pintura? Escreva:

4 As pessoas do centro da pintura estão fazendo:

☐ UMA APRESENTAÇÃO. ☐ UM ENSAIO.

5 Na pintura há também animais. Marque o nome dos animais que aparecem:

| | | |
|---|---|---|
| ☐ CAVALO | ☐ URSO | ☐ CÃO |
| ☐ BALEIA | ☐ ELEFANTE | ☐ FOCA |

6 Associe os personagens às profissões:

MALABARISTA

TRAPEZISTA

PALHAÇO

MÁGICO

Fotos: Bridgeman Images/Easypix Brasil/Museu e Galeria de Arte Newport, Newport, Inglaterra.

**7** Atualmente, o uso de animais em circos é proibido em vários Estados brasileiros. O que você acha dessa proibição? Você é a favor de usar animais no circo ou é contra? Por quê? Troque ideias com os colegas.

## TEXTO 2

Leia o poema a seguir, com a ajuda do professor ou dos colegas.

### EMBARAÇO

NAQUELE ABRAÇO
QUASE QUE AMASSO
CÁSSIO, O PALHAÇO!
QUASE DESFAÇO
O NÓ E O LAÇO
DE SEU GOLAÇO.

GOLA, EM PALHAÇO,
ENGOLE O ESPAÇO,
É PURO LAÇO!

CÁSSIO, O PALHAÇO,
PERDE O COMPASSO,
CRIA EMBARAÇO,
TROPEÇA O PASSO,
QUE ESTARDALHAÇO!

(Celina Ferreira. *Papagaio Gaio – Poeminhas.* Belo Horizonte: Formato, 1998. p. 9.)

Nelson Provazi/Arquivo da editora

**1** Qual é o nome do palhaço? Escreva:

**2** O palhaço recebeu um abraço forte ou fraco? Escreva:

**3** A gola do palhaço "engole o espaço". É uma gola grande ou pequena? Escreva:

4 Releia, ao lado, a última estrofe do poema e responda oralmente:

a) O que é **perder o compasso**?

b) O que é um **estardalhaço**?

CÁSSIO, O PALHAÇO,
PERDE O COMPASSO,
CRIA EMBARAÇO,
TROPEÇA O PASSO,
QUE ESTARDALHAÇO!

5 Faça um círculo em torno das palavras que rimam com **palhaço**.

## TEXTO 3

Leia o poema a seguir, com a ajuda do professor ou dos colegas.

### A FOCA

QUER VER A FOCA
FICAR FELIZ?
É PÔR UMA BOLA
NO SEU NARIZ.

QUER VER A FOCA
BATER PALMINHA?
É DAR A ELA
UMA SARDINHA.

QUER VER A FOCA
FAZER UMA BRIGA?
É ESPETAR ELA
BEM NA BARRIGA!

(Vinícius de Morais. *A arca de Noé*. São Paulo: Companhia das Letrinhas, 2004. p. 44.)

Ilustrações: Jean Galvão/Arquivo da editora

1 O que faz a foca ficar feliz? Marque:

☐ 

☐ 

2 O que faz a foca bater palminha? Marque:

☐

☐

Ilustrações: David Martins/Arquivo da editora

3 O que faz a foca ficar brava? Responda oralmente.

## VAMOS CANTAR?

O poema "A foca" é também letra de uma canção de Toquinho e Vinícius de Morais. Cante a música com o professor e toda a classe. Para ficar mais divertido, façam coreografias, apontando o nariz, batendo palminha e apontando a barriga.

### DEZ LIVROS QUE VOCÊ NÃO PODE DEIXAR DE LER

- *O livro de números do Marcelo*, de Ruth Rocha (Salamandra)
- *O livro redondo*, de Caulos (Rocco)
- *O menino que aprendeu a ver*, de Ruth Rocha (Quinteto)
- *Poemas sapecas, rimas traquinas*, de Almir Correia (Formato)
- *Quenco, o pato*, de Ana Maria Machado (Ática)
- *O circo*, de Roseana Murray (Editora Nacional)
- *Poeminhas animais*, de Alexandre Azevedo (Atual)
- *Chapeuzinho Amarelo*, de Chico Buarque de Hollanda (José Olympio)
- *Brincar com palavras*, de José Jorge Letria (Peirópolis)
- *ABC quer brincar com você*, de José Santos e Alcy (Editora Nacional)

# Exercícios

1 Ouça a leitura que o professor ou outro adulto vai fazer da parlenda abaixo. Depois, leia-a e complete-a com as letras que faltam. Em seguida, leia a parlenda em voz alta com a turma.

☐UXA O RABO ☐O ☐ATU,
QUEM SAIU ☐OI ☐U.
PUXA O RA☐O DO ☐NEU,
QUEM SAIU ☐UI EU.
PUXA O RA☐O DO ☐IABO,
QUEM SAIU FOI UM ☐OITADO.
PUXA O ☐ABO DA ☐ANELA,
☐UEM SAIU FOI ELA.

(Da tradição popular.)

David Martins/Arquivo da editora

2 Você gosta de parlendas? Conhece outras? Se sim, conte para os colegas.

Observe a página de *e-mail* a seguir e responda às questões 3 a 9.

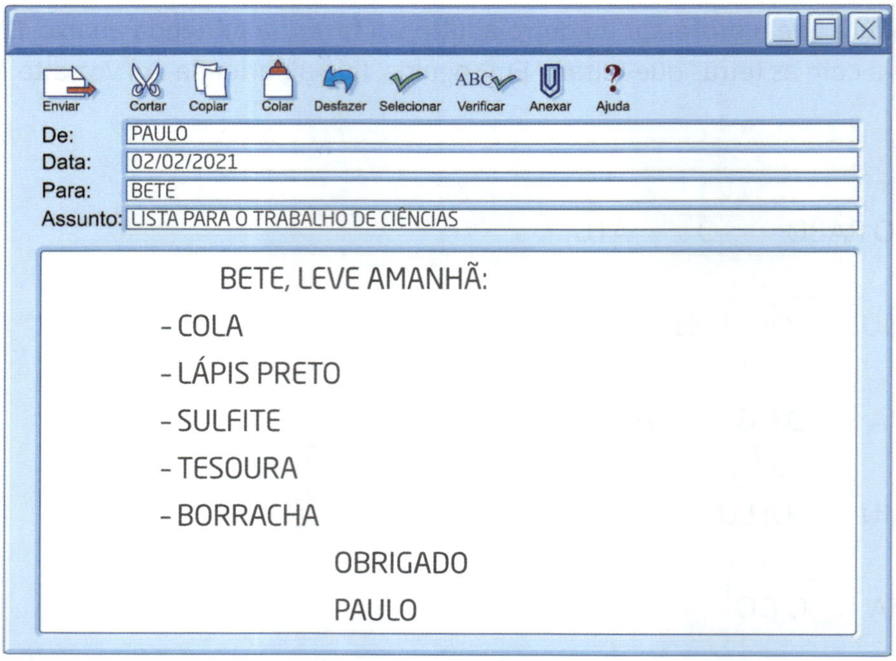

Enviar Cortar Copiar Colar Desfazer Selecionar Verificar Anexar Ajuda

De: PAULO

Data: 02/02/2021

Para: BETE

Assunto: LISTA PARA O TRABALHO DE CIÊNCIAS

BETE, LEVE AMANHÃ:

- COLA
- LÁPIS PRETO
- SULFITE
- TESOURA
- BORRACHA

OBRIGADO

PAULO

Cibele Queiroz/Arquivo da editora

**3** Quem enviou o *e-mail*? Escreva:

**4** Para quem o *e-mail* foi enviado? Escreva:

**5** Por qual motivo o *e-mail* foi enviado? Responda oralmente.

**6** Em que dia o *e-mail* foi enviado? Escreva o número:

**7** Em que mês? Escreva:

**8** Em que dia o trabalho vai ser feito? Escreva o número:

**9** Responda oralmente:

a) Por que, no *e-mail*, Paulo escreveu **obrigado** e não **obrigada**?

b) Ao agradecer, Bete deve escrever **obrigado** ou **obrigada**?

Leia a tira, com o auxílio do professor ou de outro adulto:

(Nik. *Gaturro*. Cotia, SP: Vergara & Riba, 2008. v. 1, p. 9.)

Agora, responda às questões 10 a 12.

**10** A professora está dando aula de Português ou de Matemática? Escreva:

☐

**11** Quando a professora pergunta a Gaturro quanto é 4 x 4, ele responde "65 mil". Ele dá essa resposta porque pensa:

☐ na multiplicação.

☐ no preço de um carro 4 x 4.

**12** Como a professora reage à resposta de Gaturro? Responda oralmente.

**13** A seguir, há duas adivinhas. Primeiro, tente resolvê-las e, se conseguir, escreva as respostas. Se não conseguir, ligue os pontos, seguindo a ordem alfabética e, pelos desenhos, você vai descobrir as respostas. Depois, escreva-as nos espaços adequados.

**a)**

O QUE É, O QUE É,
QUE TEM CINCO DEDOS,
MAS NÃO TEM UNHA?

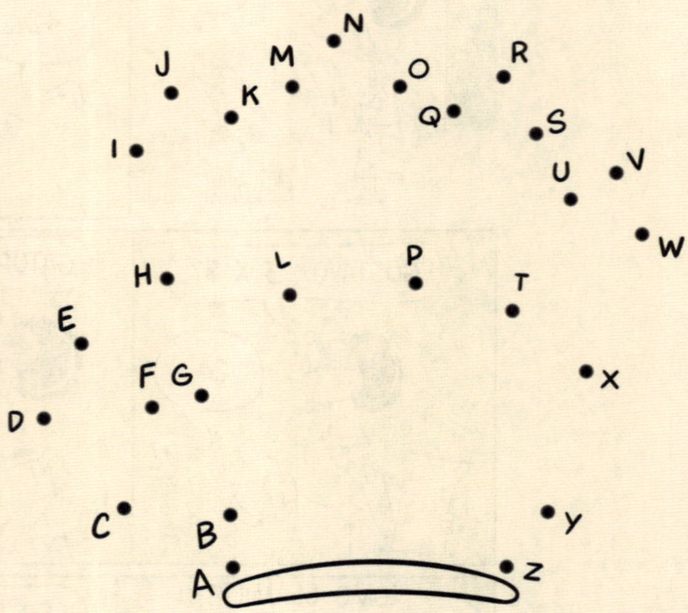

**b)**

O QUE É, O QUE É?
É ÁGUA E NÃO VEM DO MAR,
NEM NA TERRA NASCEU,
DO CÉU ELA NÃO CAIU,
TODO O MUNDO JÁ LAMBEU.

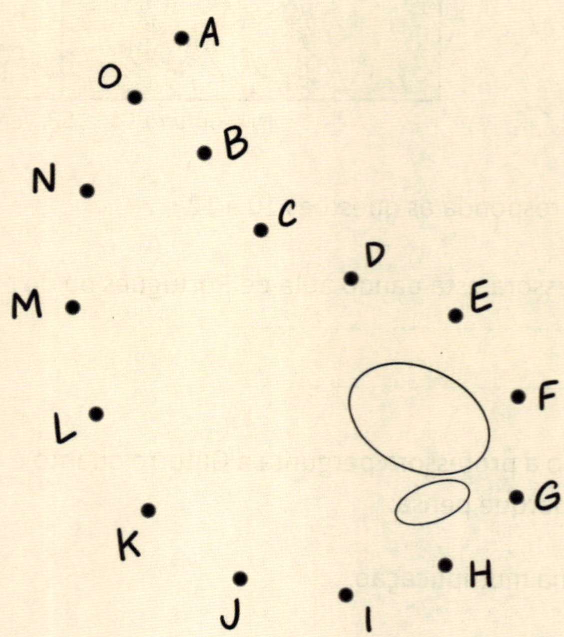

Leia o texto com a ajuda do professor ou de outro adulto. Depois, responda às questões 14 a 18.

David Martins/Arquivo da editora

**14** O texto faz parte de uma campanha que pede que as pessoas economizem. O que deve ser economizado? Escreva:

**15** O que quer dizer a frase: "Utilize somente o necessário"? Responda oralmente.

**16** Quem é a personagem da campanha? Escreva:

**17** Por que ele está com a boca aberta? Escreva:

**18** Você sabe como não desperdiçar água na sua casa? Conte para os colegas.

Leia, com a ajuda do professor ou de outro adulto, a letra da canção abaixo. Depois, cante-a com os colegas.

## AEIOU

A PRIMEIRA LETRA QUE APRENDI FOI O A, AAAA
SE EU FICAVA TRISTE, EU LIA ASSIM: AH...
SE EU TINHA UMA IDEIA, ERA ASSIM: AH!!!
SE EU TINHA MEDO OU CAÍSSE, ERA: AAAAAAAA!

A SEGUNDA LETRA QUE APRENDI FOI O E, EEEE
SE EU RESPONDIA UMA PERGUNTA, ERA: É!

A TERCEIRA LETRA QUE APRENDI FOI O I, IIII
SE CHEGAVA UM CHATO, EU FALAVA ASSIM: IHHHHH!

A QUARTA LETRA QUE EU APRENDI FOI O O, OOOO
SE EU TINHA UMA SURPRESA, ERA ASSIM: OH!
SE EU CANTAVA NO CHUVEIRO, ERA ASSIM: OOOOOOO

A ÚLTIMA VOGAL QUE EU APRENDI FOI O U
U DE URUBU
SE EU PERDIA UMA GINCANA, ERA ASSIM: UUUUUUÚ!
SE EU IMITAVA UMA CORUJA, ERA: U U
AEIOUAEIOUAEIOUAEIOU

(Fernanda Sander. Original cedido pela autora.)

Agora, responda às questões 19 a 24.

**19** Qual é o assunto da canção? Responda oralmente.

**20** A canção faz uma brincadeira com as vogais ou com as consoantes? Escreva:

**21** Qual foi a primeira letra aprendida? Escreva:

**22** Releia este trecho:

> SE EU FICAVA TRISTE, EU LIA ASSIM: AH...
>
> SE EU TINHA UMA IDEIA, ERA ASSIM: AH!!!
>
> SE EU TINHA MEDO OU CAÍSSE, ERA: AAAAAAAA!

a) Que sentido tem **AH...**? De decepção ou de alegria? Escreva:

b) E o segundo **AH!!!**? De decepção ou de entusiasmo? Escreva:

c) E o terceiro **AAAAAAAA!**? De entusiasmo ou de medo? Escreva:

**23** No final de cada parte da canção, uma vogal é destacada. Escreva, pela ordem, as vogais destacadas no texto.

**24** Você se lembra de como aprendeu a ler? Qual foi a primeira letra? E a primeira palavra? Você já leu um livro? Conte para os colegas.

CAPÍTULO 2

# Cotidiano entre textos

Na cozinha, um calendário; na escola, um cartaz; no jornal,
uma entrevista e uma tira; no coração, um poeminha...
Com que textos você tem contato no dia a dia?

## TEXTO 1

Você sabe ler um calendário? Leia este calendário com a ajuda do professor ou dos colegas.

David Martins/Arquivo da editora

1 De que ano é esse calendário? Escreva o número:

_______________________________________________

2 As palavras da parte superior, em azul, indicam dias ou meses do ano? Escreva:

_______________________________________________

3 Os números em vermelho indicam:

☐ sábados e domingos.

☐ domingos e feriados.

☐ apenas os domingos.

4 Procure no calendário o mês do seu aniversário.

a) Circule o dia em que você nasceu.

b) Em qual dia da semana cai o seu aniversário nesse calendário? Escreva:

_______________________________________________

5 O Dia das Crianças é 12 de outubro. Nesse calendário, em que dia da semana ele cai? Escreva:

_______________________________________________

6 O Natal é comemorado no dia 25 de dezembro. Nesse calendário, em que dia da semana ele cai? Escreva:

_______________________________________________

## TEXTO 2

Leia esta página do diário de Julieta, personagem de Ziraldo:

(Ziraldo. *Diário da Julieta — As histórias mais secretas da Menina Maluquinha*. 2. ed. São Paulo: Globo, 2010. p. 9.)

**1** Complete as frases a seguir, usando letra cursiva.

**a)** O Menino Maluquinho deu a Julieta um papel de ______________________.

**b)** O bombom foi presente do Menino ______________________.

**c)** O bombom estava uma ______________________.

**d)** Julieta chama o Menino Maluquinho de ______________________.

**2** Julieta enfeitou seu diário com desenhos coloridos. Ligue os nomes da mesma cor.

| | |
|---|---|
| VERMELHO | verde |
| ROSA | azul |
| AZUL | vermelho |
| AMARELO | amarelo |
| VERDE | rosa |
| PRETO | preto |

**3** Escreva com letra cursiva o nome destas outras cores:

| | |
|---|---|
| | laranja |
| | roxo |
| | cinza |

## TEXTO 3

Leia esta etiqueta de mala de viagem:

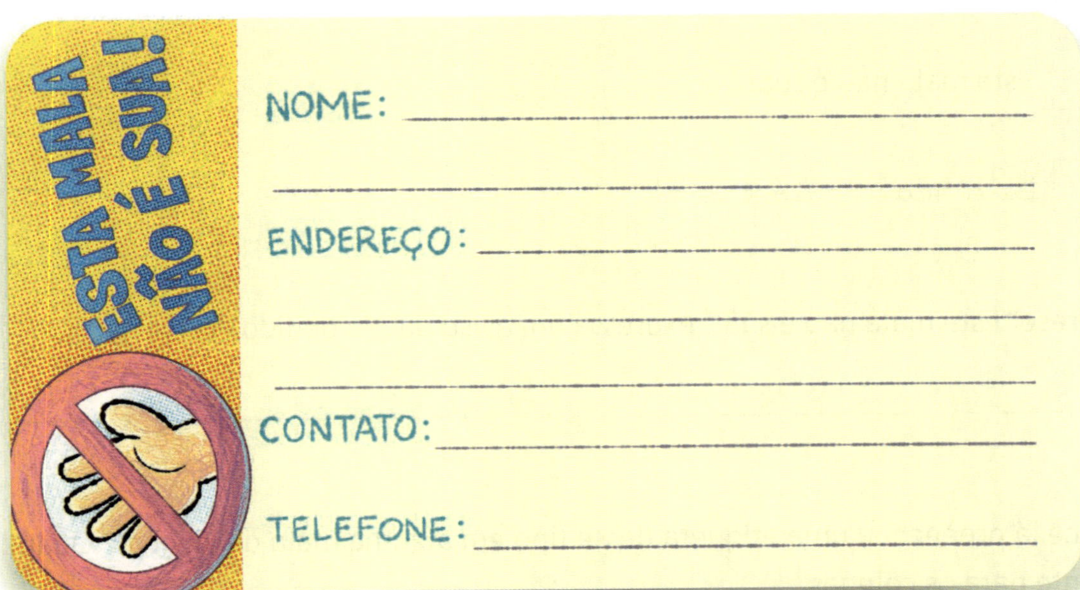


Ideário Lab/Arquivo da editora

1 Preencha a etiqueta com seus dados pessoais. Escreva com letra cursiva.

2 Na etiqueta, o que significa o desenho com a mão cortada por uma linha vermelha?

- [ ] Mala disponível.
- [ ] Não pegue esta mala.

3 A frase:

Ideário Lab/Arquivo da editora

também está escrita em:

- [ ] Esta mala é sua!
- [ ] Esta mala não é sua!
- [ ] *Esta mala não é sua!*

4 A frase "Esta mala não é sua!" expressa um aviso ou um pedido? Escreva:

______________________________________________

5 Você já preencheu uma etiqueta desse tipo em alguma mala de viagem? Quando foi? Conte para os colegas.

# Exercícios

**1** Você gosta de adivinhas? Descubra as respostas das adivinhas a seguir e escreva-as.

Moro bem alto,
não faço mal a ninguém.
Todos me batem
e eu só faço o bem.

____________

O que é, o que é,
que nasce e morre
todos os dias?

____________

Sou dama delicada
delicada no comer,
mastigo e boto fora,
engolir não pode ser.

____________

O que é, o que é,
que tem pernas
e não pode andar?

____________

Ilustrações: David Martins/Arquivo da editora

Na entrevista a seguir, Mauricio de Sousa, o criador da Turma da Mônica, fala sobre um novo personagem que ele criou. Leia-a com a ajuda do professor ou de outro adulto.

Depois, responda às questões 2 a 8.

**Folhinha — Quem é o novo personagem?**

**Mauricio de Sousa —** Ele é muito econômico — como o Marcelo da vida real, que guarda todo o dinheiro que recebe. A ideia é falar sobre economia, mesada e finanças nas tiras do Marcelinho.

© Mauricio de Sousa/Mauricio de Sousa Editora Ltda

**A criança deve se preocupar com dinheiro?**

Claro. Já passou da hora de a criançada se preocupar com economia. Até para evitar problemas que ocorrem hoje. Existem pessoas que cuidam das nossas finanças e que não andam calculando bem.

[...]

**Por que o Marcelo foi o último filho a ganhar personagem?**

No início, o personagem iria se chamar Marcelinho, o certinho. Mas ele achou que os amigos da escola iriam gozar dele por causa do "certinho". Demorou até entrarmos em um acordo e a história ser lançada. Mas ele é bem certinho, sim.

**Agora é a vez de os netos entrarem nos gibis?**

Tenho 11 netos. Mas a Turma da Mônica é igual a coração de mãe, sempre cabe mais um personagem.

(Disponível em: https://www1.folha.uol.com.br/folhinha/2015/01/1582852-mauricio-de-souza-estreia-novo-personagem-inspirado-em-seu-filho.shtml. Acesso em: 18/9/2019.)

**2** Qual é o assunto da entrevista? Responda oralmente.

3 Quem é o novo personagem? Escreva:

_______________________________________________

4 Em quem foi inspirado o novo personagem? Escreva:

_______________________________________________

5 Marque a principal característica do personagem:

☐ dentuço

☐ econômico

6 O novo personagem de Mauricio de Sousa quase ganhou o nome de "Marcelinho, o certinho".

a) Por que o personagem quase ganhou esse nome? Responda oralmente.

b) Por que Mauricio de Sousa desistiu desse nome? Escreva:

_______________________________________________

_______________________________________________

7 Mauricio diz que a Turma da Mônica é igual a coração de mãe. O que quer dizer **coração de mãe**? Marque:

☐ Lugar onde cabem todos.

☐ Lugar onde não cabe ninguém.

8 Você acha que criança precisa entender de economia? Responda oralmente.

Leia a tira com a ajuda do professor ou de outro adulto:

(Quino. *Mafalda*. São Paulo: Martins Fontes, 1998. v. 2, p. 14-15.)

Agora, responda às questões 9 a 13.

**9** Por que Mafalda dá um presente à mãe? Escreva:

______________________________________________

**10** Pela expressão facial da mãe, ela gostou do presente? Escreva:

______________________________________________

**11** Quando a mãe diz "Hoje é um dia lindo!", ela quer dizer que é um dia de sol ou um dia especial? Escreva:

______________________________________________

**12** Quando Mafalda comenta "Pena que esteja tão úmido!", ela quer:

- [ ] fazer uma brincadeira com a palavra **úmido**, porque a mãe está chorando.
- [ ] dizer que o dia está chuvoso.

**13** Você gosta de presentear as pessoas? Você já viu alguém se emocionar ao ganhar um presente? Se sim, conte como foi.

Leia as trovas a seguir com a ajuda do professor ou de outro adulto. Depois, responda às questões 14 a 16.

**1**
Ao sair de um casamento,
uma pulga me picou.
Eu peguei as pernas dela,
mesmo assim ela escapou.

**2**
— O que posso lhe trazer
quando vier de Salvador?
— Me traga alegria, prazer,
dez acarajés e seu amor.

**3**
Um dia, Maria Louca
disse alto e muito feliz:
— Ainda bem que a boca
fica embaixo do nariz.

Biry Sarkis/Arquivo da editora

**4**

No alto de nossa casa,
mora uma aranha
tecedeira.
Peça que ela lhe faça
uma roupa domingueira.

Ilustrações: Biry Sarkins/ Arquivo da editora

**5**

O pinguim sai sorridente
com sua roupa de festa,
mais parece um presidente
ou um cantor de seresta.

(Elias José. *Lua no brejo*. Porto Alegre: Projeto, 2007. p. 46.)

**14** Observe a numeração das trovas e responda escrevendo os números.

a) Quais trovas falam de bicho? ☐ ☐ ☐

b) Qual trova fala de uma pessoa louca? ☐

c) Qual trova fala de amor? ☐

**15** Observe as rimas das trovas. Circule, nas trovas, as palavras que rimam com:

a) picou

b) Salvador

c) feliz

d) tecedeira

e) festa

**16** Ligue os pontos, seguindo a ordem alfabética. Depois, escreva no quadradinho o número da trova que fala do bicho mostrado na figura.

☐

Leia o poema a seguir, com a ajuda do professor ou de outro adulto.

## Casa do vizinho

Na casa do vizinho
a comida é mais gostosa
a mãe é menos chata
tudo tem outro encanto e sabor.

Na casa do vizinho
tudo é mais bonito,
até a gente, quando se olha no espelho,
se acha diferente.

Na casa do vizinho
a gente entra e sai de fininho.

(Roseana Murray. *Casas*. Belo Horizonte: Formato, 1994. p. 15.)

Biry Sarkis/Arquivo da editora

**17** Quem fala no poema é criança ou adulto? Escreva:

______________________________

**18** O que é que tem na casa do vizinho? Marque:

- [ ] Comida gostosa.
- [ ] Cachorro bravo.
- [ ] Mãe menos chata.
- [ ] Coisas feias.

**19** Responda oralmente:

a) Quem fala no poema gosta mais da própria casa ou da casa do vizinho?

b) Quem fala no poema diz que a casa do vizinho "tem outro encanto e sabor". Isso significa que a casa do vizinho é igual à casa dele, é melhor ou é pior?

c) O que quer dizer **entrar e sair de fininho**?

d) Qual é o assunto do poema?

**20** Para você, a casa do seu vizinho é melhor do que a sua? E para o seu vizinho, a sua casa é melhor do que a dele? Troque ideias com os colegas.

Leia este poema, com o auxílio do professor ou de outro adulto:

## O elefante

O domador garante:
não há bicho
mais galante,
mais gentil
e cavalheiro,
mais risonho
e galhofeiro
que o elefante.

O domador tem razão:
o elefante
grandalhão
é um menino
no coração.

(Elias José. *Um pouco de tudo – De bichos, de gente, de flores.* 13. ed. São Paulo: Paulus, 2011.)

Biry Sarkis/Arquivo da editora

**21** O assunto principal do poema é o elefante ou o domador? Escreva:

______________________________________________

**22** Como é o elefante? Marque as características dele.

- [ ] Galante.
- [ ] Galhofeiro.
- [ ] Gentil.
- [ ] Cavalheiro.
- [ ] Atrevido.
- [ ] Risonho.

**23** Com o auxílio de um adulto, consulte um dicionário e escreva o significado das seguintes palavras do texto:

**a)** galante

______________________________________________

**b)** galhofeiro

______________________________________________

**24** O elefante é "um menino no coração". Isso quer dizer que ele é bom ou mau? Escreva:

______________________________________________

**25** Observe as rimas do poema. Escreva as palavras que rimam com:

**a)** elefante.

______________________________________________

______________________________________________

**b)** grandalhão

______________________________________________

______________________________________________

# CAPÍTULO 3

## Leitura

Você gosta de ler? Já leu livros clássicos da literatura?
Frequenta bibliotecas físicas ou virtuais?
E o que você faz com os livros que leu: guarda ou doa?

Leia este cartaz, com a ajuda do professor:

### TEXTO 1

Prefeitura Municipal de Teotônio Vilela/Secretaria Municipal de Cultura e Juventude

(Disponível em: http://www.teotoniovilela.al.gov.br/noticias/2062/biblioteca-publica-do-municipio-realiza-atividades-em-alusao-ao-dia-nacional-do-livro-infantil. Acesso em: 16/10/2019.)

1. Em que dia se comemora o Dia Nacional do Livro Infantil e o aniversário de Monteiro Lobato?

_______________________________________________

2. Sobre o cartaz, responda oralmente:

Prefeitura Municipal de Teotônio Vilela/Secretaria Municipal de Cultura e Juventude

a) Quem divulga?

_______________________________

b) A quem o cartaz se dirige?

_______________________________________________

c) O que o cartaz divulga?

_______________________________________________

_______________________________________________

d) Quando esse evento vai acontecer?

_______________________________________________

e) Onde?

_______________________________________________

3. Monteiro Lobato faz aniversário no dia 18 de abril. Responda oralmente:

a) Você sabe quem foi Monteiro Lobato e o que ele fez? Se sim, conte para os colegas.

b) Por que se comemora o Dia Nacional do Livro Infantil na mesma data?

4. Observe a ilustração do cartaz.

a) Quem são os personagens? Responda oralmente.

**b)** Ligue cada um dos personagens ao seu nome:

Marquês de Rabicó

Cuca

Narizinho e Boneca Emília

Saci

Pedrinho

Visconde de Sabugosa

# TEXTO 2

Leia o cartaz e o texto de uma campanha feita pela Biblioteca Pública Municipal de São Carlos:

## Doe livros compartilhe leitura

Prefeitura de São Carlos/Biblioteca Pública Municipal

A Biblioteca Pública Municipal de São Carlos está recebendo livros [...] para ampliar o acervo existente.

Sabe aquela poesia, literatura, dramaturgia, artes de ficção entre outros para leitores de todas as idades, livros com aquela história linda que te prendeu da primeira até a última página, mas agora estão lá guardados sem uma boa companhia para folheá-los novamente?

Se você quer doar livros novos ou usados, em bom estado de conservação, é só trazer até a biblioteca no horário de atendimento, mas se você não tem como trazê-los, entre em contato conosco, que buscaremos os livros em sua casa.

(Disponível em: https://www.saocarlos.sc.gov.br/noticias/index/ver/codMapaItem/8299/codNoticia/485419. Acesso em: 16/10/2019.)

**1** O anúncio faz parte da **Campanha do desapego**.

a) A campanha estimula a doação de quê?

b) Em que estado de conservação devem estar as doações?

**2** Qual é a finalidade da doação?

**3** A biblioteca transmite informações importantes aos interessados.

a) Para onde devem ser levadas as doações?

b) Em que horário?

c) Responda oralmente: O que a pessoa pode fazer, caso não tenha como levar as doações?

**4** Leia este trecho do cartaz:

Prefeitura de São Carlos/Biblioteca Pública Municipal

Troque ideias com os colegas e responda oralmente:

a) O que você entende por **compartilhar** leitura?

b) Por que a biblioteca chama a campanha de **Campanha do desapego**?

c) Você tem o hábito de doar os livros que já leu e dos quais gostou? Se sim, conte para os colegas.

**5** O que significam as figuras do cachorro e da menina que estão sobre o livro aberto no cartaz?

- [ ] Personagens que estão lendo o livro.
- [ ] Personagens que estão doando livros.
- [ ] Personagens que fazem parte de uma história do livro.

## TEXTO 3

Leia o texto, com a ajuda do professor ou dos colegas:

### CULTURA

***No Dia do Leitor, veja dicas de livros dadas pelos leitores do Joca!***

7 DE JANEIRO DE 2019

4 COMENTÁRIOS

JORNAL joca

O único jornal para jovens e crianças

Jornal Joca/Editora Magia de Ler

Livros de aventura, livros de comédia, livros de contos de fada, livros de romance... Existem livros de todos os tipos, para cada tipo de pessoa.

Aproveitando o **Dia do Leitor**, celebrado no dia 7 de janeiro, o *Joca* perguntou aos seus leitores quais eram os seus livros favoritos. Algumas das respostas estão abaixo. Confira!

Reprodução/Cria Editora

"*Clara Cabelo Laranja*. Esse livro me ajudou a entender que ninguém é igual, todos temos defeitos e qualidades." — **G. C. 11 anos**

Reprodução/Darkside

"Eu indico o livro *O Diário de Myriam*. Gosto porque ele mostra a realidade de um país [a Síria]." — **E., 11 anos**

(Disponível em: https://jornaljoca.com.br/portal/no-dia-do-leitor-veja-dicas-de-livros-dadas-pelos-leitores-do-joca/. Acesso em: 16/10/2019.)

1. *Joca* é um jornal indicado para qual público?

_______________________________________________

2. Em que dia se comemora o **Dia do Leitor**?

_______________________________________________

3. Quem dá as dicas de leitura no jornal?

_______________________________________________

4. Dos livros indicados, por qual você se interessou mais, considerando o comentário de cada leitor? Por quê? Responda oralmente.

5. Leia o comentário a seguir.

> **t. a. s. l.**
> 15 de janeiro de 2019 às 12:11
> ... JORNAL JOCA SEMPRE INCRÍVEL! GRANDE INCENTIVADOR DA LEITURA NOS PRESENTEANDO COM POSTAGEM DE RECOMENDAÇÕES DOS MEUS AMADOS ALUNOS.
> TAMBÉM RECOMENDO O DIÁRIO DE MYRIAM RAWICK E CLARA CABELO LARANJA.
>
> (Disponível em: https://jornaljoca.com.br/portal/no-dia-do-leitor-veja-dicas-de-livros-dadas-pelos-leitores-do-joca/. Acesso em: 16/10/2019.)

a) Qual é a provável profissão de t. a. s. l.?

_______________________________________________

b) Ela gostou das sugestões? Por quê? Responda oralmente:

6. E você, gosta de ler? Recomende algum livro que tenha lido e de que tenha gostado. Escreva o nome dele e depois conte para os colegas.

_______________________________________________

_______________________________________________

# Exercícios

Você sabe como as tartarugas marinhas põem seus ovos? Leia esta tira, com a ajuda do professor:

Projeto Tamar/https://www.tamar.org.br/galera_da_praia.php

VOCÊ SABIA? Uma tartaruga marinha pode desovar em média de 2 a 6 vezes em uma temporada e colocar cerca de 120 ovos por ninho.

(Agenda do Projeto Tamar.)

**1** Em que tipo de praia as tartarugas põem seus ovos?

_______________________________________________

**2** Como elas fazem o ninho no qual põem seus ovos? ____________________

_______________________________________________

**3** Por que elas cobrem os ovos com areia?

_______________________________________________

**4** Observe este detalhe da tira:

Projeto Tamar/https://www.tamar.org.br/galera_da_praia.php

a) As nadadeiras anteriores são as da frente ou as de trás?

______________________________________________

b) E as nadadeiras posteriores são as da frente ou as de trás?

______________________________________________

5 A tira foi publicada na agenda do Projeto Tamar, que cuida da preservação das tartarugas marinhas.

a) A que público a tira se dirige, principalmente: ao público adulto ou ao infantil?

______________________________________________

b) Troque ideias com os colegas da turma: Qual é o objetivo do Projeto Tamar ao publicar a tira?

Leia a capa deste livro, com a ajuda do professor ou de outro adulto:

6 Qual é o título do livro? ______________________________________________

7 Paulo Tatit e Edith Derdyk são:

- [ ] personagens do livro.
- [ ] autores do livro.
- [ ] ilustradores do livro.

8 Qual é o nome da editora que publicou o livro? ______________________

9 O que acompanha o livro? ______________________

10 Qual é a figura principal da capa? ______________________

11 Pela ilustração da capa, a quem o livro é dirigido, principalmente? ______________________

Leia o poema a seguir, com a ajuda do professor ou de outro adulto.

## Chá milagroso

Dona Uxa, meio bruxa,
ouviu o seu Chico se queixar
de dor no bucho.
E foi pro seu chalé
e preparou um chá
pro seu Chico.

Receita do chá de dona Uxa:
uma bucha bichada,
uma chinela chinesa,
um charuto malcheiroso,
um ovo choco,
uma xícara de cachaça,
um chuchu chato
e uma mexerica murcha.

Nelson Provazi/Arquivo da editora

Mexeu, mexeu tudo num tacho,
até cheirar um bom despacho.

Depois, cheia de charme,
jogou o chá na chaleira,
arrumou uma xícara chique
e chamou o Chico.

Chico cheirou, mexeu, remexeu
e o chá desceu pro bucho
e foi um luxo!

E o Chico agradeceu a Uxa,
pegou seu guarda-chuva
e feliz, charmoso e xereta,
foi se encontrar com a Sheila.

(Elias José. *Lua no brejo*. Porto Alegre: Projeto, 2007. p. 20.)

12 Por que dona Uxa era uma mulher diferente?

______________________

13 Qual era a reclamação do seu Chico?

______________________________________________

14 De que modo ela cuidou dele?

______________________________________________

15 Por que o poema tem o título de "Chá milagroso"?

______________________________________________

16 O que seu Chico foi fazer, depois de curado?

______________________________________________

17 No poema, há um som que se repete várias vezes.

a) Qual é ele?

______________________________________________

b) Com que letras ele é escrito?

______________________________________________

Leia a letra de uma canção, com a ajuda do professor ou de outro adulto:

## Xiiiiii

**1** Chuva lá fora,
**2** Água de pingar.
**1** No meu chuveiro,
**2** Água de banhar.
**1** Água no xaxim,
**2** Água de molhar.
**1** E dentro de mim, chá,
**2** Água de limpar.
**1 e 2** E eu faço xxxxxxxxxxxxxxx
Xiiiii
Xxxxxxxxxxxxxxxxxxxxxxxxxxx
Xiiiii
Eu cheiro, cheiro a bela flor.
Chove, chove no jardim.
Viro cachoeira quando a água sai de mim.
Quanta água, quanta água.

(Fernanda Sander. Original cedido pela autora.)

Nelson Provazi/Arquivo da editora

**18** Ligue as colunas de acordo com as ideias apresentadas no poema:

Água de pingar

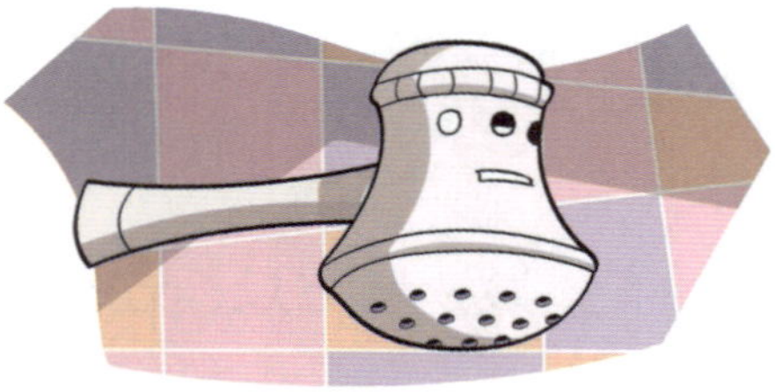

Ilustrações: Estúdio Mil/Arquivo da editora

Água de banhar

Água de molhar

Água de limpar

**19** A água que vira cachoeira dentro da gente é xaxim ou xixi?

______________________________________________

**20** De todas essas águas, qual delas é para beber?

______________________________________________

**21** O título do poema é "Xiiiiii". Essa expressão representa o barulho do quê?

______________________________________________

A seguir, leia o bilhete de uma mãe, enviado pela agenda, para a professora:

Bom dia, professora Melissa,

Gostaria que me informasse como está o desempenho da Liz Haiana na leitura porque, em casa, ela está com muita dificuldade. Estou até pensando em colocá-la em outra escola, no próximo ano. Tenho uma colega que tem duas filhas, com a mesma idade da Liz, e já sabem ler.

Grata,

Niuvanda Andrade

**22** No bilhete, há três pessoas envolvidas: a mãe, a professora e a aluna. Qual é o nome:

a) da mãe: ______________________________

b) da filha: ______________________________

c) da professora: ______________________________

**23** Qual é a reclamação da mãe?

______________________________

______________________________

**24** A mãe compara o desempenho da filha com o de outras crianças.

a) As outras crianças são mais velhas ou mais novas do que a filha?

_______________

b) Como elas estão em leitura?

_______________

**25** Caso o problema não se resolva, o que a mãe pensa em fazer no próximo ano?

_______________

Leia esta tira, com a ajuda do professor ou de outro adulto:

© Armandinho, de Alexandre Beck/Acervo do cartunista

(Disponível em: https://tirasarmandinho.tumblr.com/. Acesso em: 16/10/2019.)

**26** Armandinho conversa com sua amiga.

a) O que ele acha caro?

_______________

b) Quais são os argumentos de sua amiga para que ele leia? Responda oralmente.

**27** Ela acha que Armandinho não tem dinheiro ou que é desculpa para não ler?

_______________

**28** E você? Gosta de ler? Que tipo de leitura costuma fazer? Conte para os colegas.

CAPÍTULO 4

# Meus amigos

Quem são seus melhores amigos?
É a turma da escola, do lugar onde você mora ou são seus familiares?
Para você, o que é um amigo de verdade?

## TEXTO 1

Observe esta foto:

Sergey Novikov/Shutterstock

1 A foto mostra quatro crianças. Elas estão no parque ou na cidade? Escreva:

______________________________________________

______________________________________________

2 Elas estão estudando, brincando ou trabalhando? Escreva:

______________________________________________

______________________________________________

3 Elas parecem estar tristes ou alegres? Escreva:

______________________________________________

______________________________________________

4 As crianças estão usando roupas diferentes. Responda oralmente.

a) Por que elas usam esssa roupas?

b) Você acha que há outras pessoas brincando com elas?

5 Pela luminosidade da foto, como está o dia: nublado ou ensolarado? Escreva:

______________________________________________

______________________________________________

______________________________________________

6 Você acha que as crianças são amigos ou são parentes? Por quê? Responda oralmente.

## TEXTO 2

Leia o texto com a ajuda do professor ou de um colega.

(Ziraldo. *Curta o Menino Maluquinho*. São Paulo: Globo, 2006. p. 24.)

1 O Menino Maluquinho marcou um encontro com onze meninas. Elas pensaram que fosse um encontro para conversar ou para namorar?

___

2. Responda oralmente: Por que Julieta chama o Menino Maluquinho de **cachorro**?

3. Quais sentimentos Julieta demonstra ter pelo Menino Maluquinho: amor, inveja, raiva ou ciúme? Escreva:

_______________________________________________

4. No final da história, tudo se esclarece. Para que o Menino Maluquinho convidou as meninas? Responda oralmente.

_______________________________________________

5. Na última cena, a expressão facial das meninas demonstra que elas ficaram:

☐ decepcionadas. ☐ alegres. ☐ surpresas.

6. Pela expressão facial, como o Menino Maluquinho se sente quando encontra as meninas? Por quê? Responda oralmente.

7. Você acha que as meninas teriam ido ao encontro se soubessem qual era o verdadeiro interesse do Menino Maluquinho? Por quê? Responda oralmente.

8. Algumas pessoas acham que futebol é coisa para homem. O que você acha disso? Você concorda? Por quê? Responda oralmente.

## TEXTO 3

Leia o poema a seguir, com a ajuda do professor ou de um colega.

### AVÔ e AVÓ

As palavras AVÔ e AVÓ
têm mel e magia.
Dominam o tempo
e viajam no faz de conta.
Contam loucas e longas histórias
e enchem os nossos bolsos
das mais doces surpresas.

As palavras AVÔ e AVÓ
só não ficam livres
das ciumeiras de mães e pais.
Eles dizem que AVÔ e AVÓ
só estragam a gente.

(Elias José. *Pequeno dicionário poético-humorístico ilustrado.* São Paulo: Paulinas, 2006. p. 10.)

1 Qual é o assunto do poema, ou seja, do que ele fala? Escreva:

______________________________________________

2 Quem fala no poema: o avô, o pai ou o(a) neto(a)? Escreva:

______________________________________________

3 Marque a expressão que comprova a resposta da questão anterior:

☐ mães ☐ pais ☐ a gente

4 As palavras **avô** e **avó** têm mel e magia porque os avós são cheios de:

☐ doçura e encantamento. ☐ açúcar e mágica.

5 Responda oralmente: O que quer dizer **Viajar no faz de conta**?

6 Os pais dizem que os avós **estragam** as crianças porque:

☐ os avós fazem o que os netos querem.

☐ os netos fazem o que os avós querem.

7 Você tem avô e avó? Se sim, conte para os colegas o que vocês fazem quando estão juntos.

## VAMOS DECLAMAR?

Seguindo a orientação do professor, participe com os colegas da declamação do poema "AVÔ e AVÓ".

# Exercícios

Leia a história em quadrinhos a seguir, com o auxílio do professor ou de outro adulto. Depois, responda às questões 1 a 4.

(Ziraldo. *Curta o Menino Maluquinho*. São Paulo: Globo, 2006. p. 46.)

**1** O Menino Maluquinho foi se encontrar com Julieta.

a) Ele chega no horário ou atrasado? Escreva:

_______________________________________________

b) O que ele tem nas mãos? Escreva:

_______________________________________________

2 O Menino Maluquinho diz a Julieta que **ficou preso no trânsito**. Responda oralmente:

a) O que quer dizer a expressão **ficar preso no trânsito**?

b) A que tipo de trânsito o Menino Maluquinho se refere?

3 Observe a expressão facial de Julieta.

a) Ela parece estar brava ou feliz? Escreva:

_______________________________________________

b) Você acha que ela acreditou na explicação do Menino Maluquinho? Responda oralmente.

4 Você já empinou pipa? Já ficou preso num trânsito de pipas? Se sim, conte aos colegas como foi.

Ouça a leitura que o professor ou outro adulto vai fazer da parlenda:

## Fui à feira

Fui à feira comprar uva.
Encontrei uma coruja,
[ ] no rabo dela.
Ela me chamou de cara [ ].

(Da tradição popular.)

5 Ouça novamente a parlenda e complete-a, escrevendo as palavras que faltam.

6 Circule na parlenda as palavras que rimam entre si.

7 O que o personagem foi comprar? Escreva:

_______________________________________________

8 Quem ele encontrou? Escreva:

_______________________________________________

9 A coruja o chamou de cara suja porque ele pisou no rabo dela ou porque ele beliscou o braço dela? Escreva:

_______________________________________________

Leia este poema, com a ajuda do professor ou de outro adulto:

Ilustrações: Adolar/Arquivo da editora

## Que sujeira!

 de bruxa tem rato,

, morcego e coruja.

Pra que é que serve a ,

se a casa dela é tão suja?

(Pedro Bandeira. *Por enquanto eu sou pequeno.* São Paulo: Moderna, 2002. p. 12.)

Agora, responda às questões 10 a 13.

**10** No poema, no lugar de algumas palavras, há figuras. Escreva o nome delas.

11 Onde tem rato, morcego e coruja? Escreva:

________________________________________

12 Casa de bruxa é limpa ou suja? Escreva:

________________________________________

13 A bruxa tem uma vassoura.

a) Ela limpa a casa com a vassoura? Escreva:

________________________________________

b) Para que serve, provavelmente, a vassoura? Escreva:

________________________________________

Ouça a leitura que o professor vai fazer desta parlenda:

[ ] e chuva,
[ ] de viúva.
Chuva e sol,
casamento de espanhol.

(Da tradição popular.)

Agora, responda às questões 14 a 16.

14 Complete a parlenda com as palavras que faltam.

15 Quando é que as crianças falam essa parlenda? Responda oralmente.

16 Você já viu chover e fazer sol ao mesmo tempo? Apareceu um arco-íris? Conte como foi.

17 Tente resolver as adivinhas a seguir e escreva as respostas.

a) O que é, o que é?
É osso por dentro
e carne por fora.

[ ][ ][ ][ ][ ][ ][ ]

b) O que é, o que é?
Anda durante o dia na casa toda
e, à noite, se esconde atrás da porta.

| | | | | | | | |
|---|---|---|---|---|---|---|---|

Leia o texto de campanha a seguir, com a ajuda do professor ou de outro adulto.

Prefeitura de Bebedouro/Fundo Social (FS)

(Disponível em: https://www.bebedouro.sp.gov.br/portal/index.php/ver-todas-as-noticias/item/18735-fundo-social-segue-com-campanha-do-agasalho-2019. Acesso em: 26/9/2019.)

Agora, responda às questões 18 a 21.

**18** A campanha é da Prefeitura de Bebedouro.

a) A campanha é do alimento ou do agasalho? Escreva:

______________________________________________

b) A quem ela se dirige? Responda oralmente.

______________________________________________

**19** Explique oralmente: O que significa a frase:

**ROUPA BOA, A GENTE DOA**

Prefeitura de Bebedouro/Fundo Social (FS)

**20** Ser **solidário** significa ajudar ou prejudicar outras pessoas? Escreva:

______________________________________________

**21** Você já participou de alguma campanha do agasalho? Se sim, conte para os colegas o que você doou.

**22** Você sabe o que significa a palavra *bullying*? Se sabe, conte para os colegas.

Leia o significado da palavra *bullying* no dicionário, com a ajuda do professor ou de outro adulto, e responda às questões 23 a 26.

> ***bullying***
>
> [ˈbʊljɪŋ]
>
> **sm**
>
> Ato agressivo sistemático, envolvendo ameaça, intimidação ou coerção, praticado contra alguém, por um indivíduo ou um grupo de pessoas. Ocorre geralmente em escolas, porém pode ser praticado em qualquer outro local. Trata-se de ação verbal que pode, em situações extremas, evoluir para agressão física.
>
> ETIMOLOGIA
>
> *ingl.*
>
> (Disponível em: http://michaelis.uol.com.br/moderno-portugues/busca/portugues-brasileiro/bullying/. Acesso em: 26/9/2019.)

**23** Discuta com os colegas e o professor. *Bullying* é uma palavra da língua portuguesa ou da língua inglesa? Escreva:

______________________________________________

**24** Onde o *bullying* geralmente acontece? Escreva:

______________________________________________

**25** Como o *bullying* pode acontecer? Marque:

- [ ] Com palavras, com xingamentos.
- [ ] Com violência física.
- [ ] Com xingamentos e com violência física.

**26** Responda oralmente.

a) Você já sofreu ou viu alguém da escola sofrer *bullying*? Se sim, conte para os colegas o que ocorreu.

b) Em sua opinião, por que o *bullying* acontece?

c) O que você pode fazer para impedir o *bullying* caso ocorra com você ou com alguém da escola?

Observe esta foto:

Ryan McVay/Getty Images

**27** A foto mostra duas crianças.

a) Onde elas estão? Dentro de casa, no quintal ou na rua? Escreva.

______________________________________________

______________________________________________

______________________________________________

b) Elas estão brincando ou trabalhando?

______________________________________________

______________________________________________

______________________________________________

Ryan McVay/Getty Images

**28** Na foto, é mostrada uma brincadeira.

Ryan McVay/Getty Images

a) Você conhece essa brincadeira? Se sim, conte para os colegas como se brinca. Responda oralmente.

b) Qual é o nome dessa brincadeira? Escreva:

______________________________________________

______________________________________________

______________________________________________

Ryan McVay/Getty Images

**29** Observe as crianças. São meninos ou meninas? Escreva:

______________________________________________

**30** Troque ideias com os colegas.

a) Meninos e meninas podem brincar juntos essa brincadeira?

b) Existem brincadeiras próprias para meninos e próprias para meninas?

c) De que outra brincadeira você gosta de brincar? Escreva o nome dele:

______________________________________________

______________________________________________

______________________________________________

Leia o poema a seguir, com a ajuda do professor ou de outro adulto.

## Quintal

Quintal de casa
é um reino encantado,
é toca de bandidos,
é clube de mocinhos,
é cofre de segredos,
é mapa da mina de ouro,
é fábrica de mil projetos.

Subir na mangueira
é chegar perto do céu.

Se não tem rio,
moleque inventa o mar.

Se não tem fruta,
as frutas ficam mais gostosas.

Se não tem amigos,
moleque brinca e fala só.

Se não tem perigo,
moleque inventa tempestades.

(Elias José. *Um jeito bom de brincar*. São Paulo: FTD, 2002. p. 21.)

Nelson Provazi/Arquivo da editora

**31** A criança brinca na rua ou no quintal? Escreva:

______________________________________________

**32** Como a criança transforma o quintal em reino encantado, em toca de bandidos e em clube de mocinhos? Marque:

☐ Pela imaginação. ☐ Com os amigos.

**33** A criança brinca sozinha ou com amigos? Responda oralmente.

**34** De que a criança gosta? Marque:

☐ Briga. ☐ Descanso. ☐ Perigo.

☐ Invenção. ☐ Aventura. ☐ Jogos eletrônicos.

CAPÍTULO 5

# Bichos do coração

Que delícia! A gente chega em casa e lá está o cachorrinho pulando e latindo, querendo brincar... Ou o gatinho manhoso, que se enrosca e pede colo, querendo carinhos... Esses *pets* não são demais?

## TEXTO 1

Observe este cartum do desenhista francês Serre:

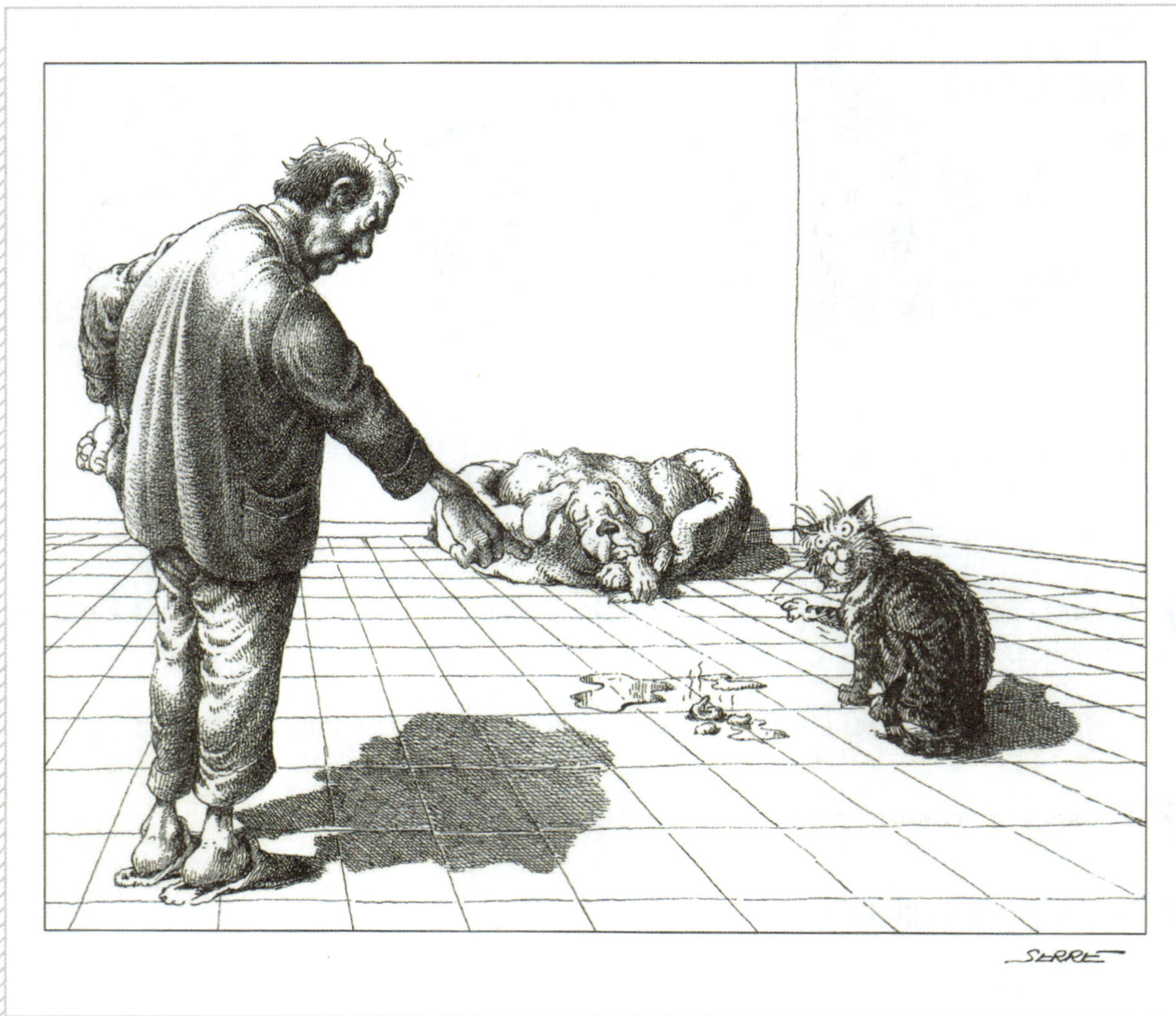




(*Zoo au Logis*. Grenole: Glénat, 1992.)

1 O cartum retrata um homem, um cão e um gato.

a) Onde eles estão? Escreva:

___

b) A quem os animais pertencem, provavelmente? Escreva:

___

2 O homem aponta para o chão.

a) Ele parece estar bravo ou contente? Escreva:

___

b) Por que ele está assim? Responda oralmente.

3 O homem está olhando para o gato, e o gato está apontando para o cachorro. Responda oralmente:

a) Por que o homem olha para o gato?

b) Por que o gato aponta para o cachorro?

4 Um dos dois animais é responsável pela sujeira.

a) Você acha que o cachorro está dormindo de verdade ou está fingindo? Escreva:

___

b) Para você, o culpado é o cachorro ou o gato? Escreva:

___

5 Você tem animal de estimação? Se sim, conte para os colegas como é a sua relação com ele e como você e sua família lidam com o cocô e o xixi do animal.

## TEXTOS 2 E 3

Leia os textos a seguir com a ajuda do professor ou de um colega.

### O cão

Sou muito mais que um cão:
eu sou de estimação,
companhia,
distração.
"Sou seu melhor amigo":
este é um ditado antigo
que sigo e levo a cabo.
Se não posso te abraçar,
dou lambida e abano o rabo.

### O gato

Os ratos todos me temem,
as gatinhas todas me amam.
Os vizinhos, com sono, reclamam
dos barulhos que faço no muro.
De noite eu brigo no escuro,
sou muito valente, de fato.
Por isso todas suspiram:
"Tão lindo, tão ágil,
que gato!"

(Claudio Thebas. *Amigos do peito*. São Paulo: Formato, 1996. p. 20.)

Biry Sarkis/Arquivo da editora

1 Ligue as colunas de acordo com as qualidades dos animais:

| | |
|---|---|
| | valente |
| cão | lindo |
| | companheiro |
| | divertido |
| gato | amigo |
| | ágil |

2 De que modo o cão demonstra carinho? Escreva:

______________________________________________

______________________________________________

3 Os ratos temem o gato porque:

☐ ratos comem gatos. ☐ gatos comem ratos.

4 Por que os vizinhos reclamam do gato? Escreva:

______________________________________________

______________________________________________

5 O gato diz: "Por isso todas suspiram". Quem é que suspira por ele? Escreva:

______________________________________________

6 Releia estes versos:

"Tão lindo, tão ágil,
que gato!"

Nesse trecho, a palavra **gato** tem qual sentido: de **bicho** ou de **lindo**? Escreva:

______________________________________________

## TEXTO 4

Leia esta tira, com a ajuda do professor ou de um colega:

(Disponível em: https://tirasarmandinho.tumblr.com. Acesso em: 15/10/2019.)

1. Armandinho está com dois animais. Escreva:

   a) Quais são?

   ______________________________

   ______________________________

   b) De quem são, provavelmente, os animais?

   ______________________________

   ______________________________

2. O que ele oferece ao cão?

   ______________________________

3. Qual é o teste que Armandinho provavelmente fez com humanos? Responda oralmente.

4. Armandinho tem um sapo como animal de estimação. É comum ter um sapo como animal de estimação? Você seria capaz de criar um sapo em casa? Por quê? Responda oralmente.

# Exercícios

Leia o texto de campanha a seguir, com a ajuda do professor ou de outro adulto.

Prefeitura Municipal/Secretaria Especial dos Direitos Animais (SEDA), Porto Alegre, RS.

**1** No centro do texto, há um animal.

**a)** Qual é o animal? Escreva:

______________________________________________

**b)** O que ele segura na boca? Escreva:

______________________________________________

**2** O texto faz parte de uma campanha. Qual é o objetivo da campanha? Marque:

☐ Estimular os donos a manter os cães presos em coleiras.

☐ Estimular a adoção de cães.

**3** O gesto do animal sugere um pedido para ficar livre ou para ser adotado? Escreva:

______________________________________________

**4** Ao ler a parte de baixo do texto, podemos saber quem o criou. Veja:

Prefeitura Municipal/Secretaria Especial dos Direitos Animais (SEDA), Porto Alegre, RS.

**a)** Quem criou a campanha? Marque:

☐ A Prefeitura de Porto Alegre.

☐ A Prefeitura de Pouso Alegre.

b) Qual é a secretaria que cuida dos animais abandonados? Marque:

☐ Secretaria dos Direitos Humanos

☐ Secretaria Especial dos Direitos Animais



5 Na parte de baixo do texto, há a palavra **SEDA**, que é uma **sigla**. Uma sigla normalmente é formada pelas letras iniciais de um nome composto de várias palavras. Tente descobrir quais palavras a sigla **SEDA** representa e escreva-as.

______________________________________________

______________________________________________

6 A quem a campanha é dirigida? Escreva:

______________________________________________

______________________________________________

7 Na sua opinião, por que há cães sem dono? Troque ideias com os colegas.

8 Você é a favor de comprar ou de adotar um animal de estimação? Por quê? Explique para os colegas.

9 Tente ler a capa do livro ao lado e escreva:

a) Quem é a autora?

______________________

b) Qual é o título do livro?

______________________

c) Quem é o ilustrador?

______________________

d) Na parte de baixo, há o nome da editora. Qual é ela?

______________________

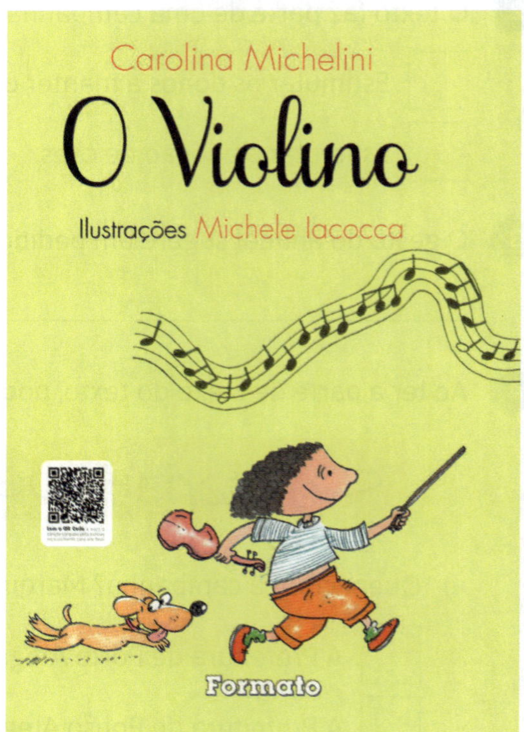




(Carolina Michelini. *O violino*. São Paulo: Formato, 2013.)

Leia a tira a seguir, com a ajuda do professor ou de outro adulto.

(*Folha de S.Paulo*. 23/11/2013. Folhinha.)

**10** Na tira, Zezo é o menino de blusa preta.

a) Nos três primeiros quadrinhos, onde Zezo está? Escreva:

_______________________________________________

b) O que ele está fazendo? Escreva:

_______________________________________________

c) Quem é o jogador que está de camisa branca? O que a expressão dele demonstra? Responda oralmente.

**11** Nos três últimos quadrinhos, onde Zezo está? Escreva:

_______________________________________________

**12** Quem você acha que é o homem sentado no sofá? Escreva:

_______________________________________________

**13** O menino conta que fez seis gols e o homem diz: "Uau!". O que essa expressão significa? Marque:

☐ Alegria.

☐ Decepção.

**14** Por que a tira é engraçada? Responda oralmente.

Leia este poema, com o auxílio do professor ou de outro adulto:

## Ilustres desconhecidas

Jenipapo, sapoti,
cajá, cajá-manga,
jaca, juá, framboesa,
fruta-pão, açaí,
cajuaçu e cupuaçu
são frutas que nunca vi.

De algumas, já ouvi falar,
mas ainda não tive o prazer
de ver, de tocar, de cheirar
e de saborear.

Já tomei suco de açaí,
mas a fruta não vi.

(Elias José. *Poesia é fruta doce e gostosa.* São Paulo: FTD, 2006. p. 34.)

Biry Sarkis/Arquivo da editora

**15** Do que o poema fala? Escreva:

______________________________________________

**16** O poema se chama “Ilustres desconhecidas”. Responda oralmente.

a) Por que o poema tem esse título?

b) Dessas frutas, qual você conhece?

c) E de quais você já tomou suco? De qual gostou mais?

**17** Usando lápis de cor diferente:

a) circule com uma cor as palavras que rimam com **sapoti**.

b) circule com outra cor as palavras que rimam com **falar**.

**18** Você gosta de adivinhas? Descubra as respostas das adivinhas a seguir e escreva-as.

a) Todo mundo precisa,
todo mundo pede,
todo mundo dá,
mas ninguém segue?

[ ]

b) O que está fora você joga fora,
cozinha o que está dentro
e come o que está fora.
Depois, o que está dentro você joga fora...

[ ]

c) O que é, o que é,
que nasce e morre
todos os dias?

d) O que é, o que é,
que tem pernas
e não pode andar?

Leia esta tira, com a ajuda do professor ou de outro adulto:

© Adão Iturrusgarai/Acervo do cartunista

(*Folha de S.Paulo*, 4/4/2015. Folhinha.)

**19** Qual é a profissão do cachorro? Escreva:

______________________________________________

**20** Por que o cachorro odiou a Lua? Escreva:

______________________________________________

**21** Por que os postes são importantes para o cachorro? Escreva:

______________________________________________

Leia os gráficos abaixo, com a ajuda do professor ou de outro adulto.

@2019 Zee.Dog/https://www.zeedog.com.br/

(Disponível em: https://www.zeedog.com.br/institucional/nossa-causa. Acesso em: 15/10/2019.)

**22** Observe o primeiro gráfico (do lado esquerdo).

a) Quantos por cento de cachorros são adotados? Escreva o número:

_______________________________________________

b) Quantos por cento de gatos são adotados? Escreva o número:

_______________________________________________

c) Conclua: As pessoas adotam mais cachorros ou gatos? Escreva:

_______________________________________________

**23** Observe agora o segundo gráfico (do lado direito).

a) De todos os cachorros abandonados, quantos por cento são adotados? Escreva o número:

_______________________________________________

b) O que ocorre com os cães que não são adotados?

_______________________________________________

Leia este poema de Vinícius de Morais, com a ajuda do professor ou de outro adulto:

## O Peru

GLU! Glu! Glu!
Abram alas pro Peru!

O Peru foi a passeio
Pensando que era pavão
Tico-tico riu-se tanto
Que morreu de congestão.

O Peru dança de roda
Numa roda de carvão
Quando acaba fica tonto
De quase cair no chão.

O Peru se viu um dia
Nas águas do ribeirão
Foi-se olhando foi dizendo
Que beleza de pavão!

Glu! Glu! Glu!
Abram alas pro Peru!

(Vinícius de Morais. *Poesia completa e prosa.* Rio de Janeiro, 1974. p. 371.)

**24** O assunto do poema é o pavão ou o peru? Escreva:

______________________________________________

**25** Que ave o peru pensou que ele fosse? Escreva.

______________________________________________

**26** Entre o peru e o pavão, qual dos dois é mais bonito e mais elegante? Escreva:

______________________________________________

**27** Qual foi a causa da morte do tico-tico?

______________________________________________

______________________________________________

**28** O peru se viu nas águas do ribeirão e disse: "Que beleza de pavão! ". O peru se considera feio ou bonito? Escreva:

______________________________________________

______________________________________________

**29** Que som cada animal abaixo produz? Ligue as colunas:

| | |
|---|---|
| peru | quá quá quá |
| pintinho | au au au |
| pato | piu piu piu |
| cachorro | miau miau miau |
| gato | glu glu glu |

CAPÍTULO 6

# Respeito, a base de tudo!

Respeitar o próximo e respeitar as diferenças é a melhor forma de se conviver em sociedade.
É na diversidade que conhecemos melhor o outro e a nós mesmos.

## TEXTO 1

Leia o texto, com a ajuda do professor ou de outro adulto.

### TURMA DA MÔNICA

RESPEITAR AS DIFERENÇAS É UM DOS PASSOS MAIS IMPORTANTES PARA CONSTRUIR UM MUNDO MELHOR!

**TATI**

Tati tem síndrome de Down e possui as características físicas associadas à síndrome, como os olhos amendoados, e é um pouco menor que as crianças da sua idade, entre outras. Tati é alto-astral e, por isso, sempre encontra saídas inteligentes e divertidas para qualquer situação. Ama os seus amiguinhos ("fofos", como ela costuma chamar) e faz qualquer coisa para vê-los felizes. É criativa e está sempre disposta a inventar motivos para que toda a turminha interaja com alegria. Curiosidade: Tati também é uma homenagem à Tathi Heiderich, filha de Patrícia e Fernando Heiderich, coordenadores do Instituto MetaSocial, que trabalha há mais de 19 anos desenvolvendo ações, junto à mídia, para promover a inclusão social.

(Disponível em: http://turmadamonica.uol.com.br/inclusaosocial/. Acesso em: 11/10/2019.)

1. Você conhece Tati, personagem da Turma da Mônica? Se sim, conte para os colegas como ela é. Qual é a síndrome que Tati tem?

2 Marque as características de Tati:

- [ ] alto-astral
- [ ] agressiva
- [ ] amiga
- [ ] criativa

3 Como ela costuma chamar os amigos?

_______________________________________________

4 Tati é uma homenagem a Tathi Heiderich, filha de Patrícia e Fernando Heiderich, coordenadores do Instituto MetaSocial. Eles trabalham com inclusão social. Você sabe o que é **inclusão social**? Se sim, comente com os colegas.

5 Você conhece estes dois personagens da Turma da Mônica? Observe as imagens.

a) Qual dos personagens é cadeirante?

_______________________________________________

b) Qual deles tem deficiência visual?

_______________________________________________

6 Você conhece alguém como Tati, Luca e Dorinha? Se sim, conte para os colegas.

## TEXTO 2

Leia o texto, com a ajuda do professor ou de outro adulto.

SESC - Serviço Social do Comércio/Teatro Prosa

(Disponível em: http://campograndecomcriancas.com.br/sesc-horto-recebe-espetaculo-o-pequeno-principe/. Acesso em: 11/10/2019.)

1. O texto informa sobre uma peça de teatro. Qual é o nome da peça que vai ser apresentada?

   ______________________________________________

2. A peça é indicada para alguma faixa etária ou é livre?

   ______________________________________________

3. A entrada é paga ou gratuita?

   ______________________________________________

4. Onde a peça vai ser apresentada?

   ______________________________________________

5. Você conhece a história do livro *O Pequeno Príncipe*? Se sim, conte para os colegas.

## TEXTO 3

Observe as imagens que representam as regras de convivência de uma sala de aula. Escreva abaixo de cada figura a regra que ela representa.

a) 

_______________________________

b) 

_______________________________

c) 

_______________________________

d) 

Ilustrações: Ilustra Cartoon/ Arquivo da editora

_______________________________

e) 

_______________________________

f) 

_______________________________

Vamos refletir sobre as regras de convivência? Responda oralmente:

1. O que pode acontecer quando uma criança empurra um colega?

2. Por que não se deve jogar lixo no chão?

3. Gritar ou xingar, estragar o material do colega e subir na mesa da sala de aula são atitudes de uma pessoa educada ou mal-educada?

4. Você gosta de fazer a lição em silêncio ou em um ambiente barulhento? Por quê?

# Exercícios

Leia o cartaz com a ajuda do professor ou de outro adulto.

Governo do Rio de Janeiro/Secretaria da Casa Civil

(Disponível em: https://twitter.com/detranrj/status/861938101224173568. Acesso em: 11/10/2019.)

1. O anúncio do Departamento Estadual de Trânsito (DETRAN) se dirige ao motorista ou ao ciclista? Marque:

☐ ao motorista ☐ ao ciclista

2. O que o anúncio pede?

_______________________________________________

3. Qual é a imagem de fundo do cartaz?

_______________________________________________

4. Observe a imagem:

Governo do Rio de Janeiro/Secretaria da Casa Civil

Escreva, ao lado de cada figura, o que ela representa.

a) 

Governo do Rio de Janeiro/ Secretaria da Casa Civil

b) 

Governo do Rio de Janeiro/ Secretaria da Casa Civil

5 Observe a frase:

Governo do Rio de Janeiro/Secretaria da Casa Civil

A frase quer dizer que:

- [ ] os carros têm preferência no trânsito.
- [ ] as bicicletas têm preferência no trânsito.
- [ ] carros e bicicletas devem dividir o espaço no trânsito.

6 Entre o ciclista e o automóvel deve haver uma distância segura. Responda oralmente. Qual é essa distância?

7 Você já deve ter visto em sua cidade um sinal de trânsito como este:

jara3000/Shutterstock

Ligue cada cor ao seu significado.

a)  Siga!

b)  Perigo! Pare.

c)  Atenção!

Leia a tira com a ajuda do professor ou de outro adulto.

© Armandinho, de Alexandre Beck/Acervo do cartunista

(Disponível em: https://tirasarmandinho.tumblr.com/. Acesso em: 11/10/2019.)

**8** Armandinho recebe alguém em sua casa. Responda oralmente: Ele é educado com a pessoa que o visita? Por quê?

**9** Qual é a regra que há na casa de Armandinho?

______________________________________________

**10** Na sua opinião, essa regra é importante? Converse com seus pais e familiares e, na escola, discuta com o professor e os colegas.

A seguir, com a ajuda do professor ou de outro adulto, leia a carta que uma leitora enviou ao jornal *Joca* e o conselho que outra leitora lhe escreveu.

Jornal Joca/Editora Magia de Ler

**Meus amigos, às vezes, me julgam porque eu gosto do BTS (grupo musical sul-coreano de K-pop). Como posso resolver esse problema?**

**B. T., 9 anos**

Você poderia ouvir as músicas de que eles gostam. Depois, sugira que escutem as suas músicas. Se eles não curtirem, tudo bem, você encontrará outras pessoas que podem gostar. Fale para eles que é preciso respeitar as preferências de cada um.

**M. I., 10 anos**

(Disponível em: https://jornaljoca.com.br/portal/wp-content/uploads/2019/04/Joca_130-baixa.pdf. Acesso em: 11/10/2019.)

**11** Marque a alternativa correta. Os amigos de B. T.:

- [ ] não a aceitam no grupo.
- [ ] criticam o seu gosto musical.
- [ ] gostam do grupo de música sul-coreano.
- [ ] querem ouvir o grupo BTS.

**12** Qual é a sugestão de M. I. para resolver o problema? Marque as alternativas corretas.

- [ ] Escutar as músicas de que eles gostam e esquecer as músicas do grupo sul-coreano.
- [ ] Ouvir as músicas de que eles gostam e sugerir que também escutem as de que ela gosta.
- [ ] Continuar escutando as músicas de que ela gosta e ignorar os comentários dos amigos.
- [ ] Dizer para eles que é necessário respeitar o gosto de cada um.

**13** Troque ideias com seus familiares e, na classe, com os colegas e o professor.

a) Você acha que devemos respeitar as preferências de cada um? Por quê?

b) Em que outra situação podemos ter um gosto diferente do gosto de outras pessoas?

Observe a capa do livro e responda às questões 14 a 17.

**14** Quem é o autor do livro?

______________________________________________

**15** Quem é o ilustrador?

______________________________________________

**16** Qual é o nome da editora do livro?

______________________________________________

**17** O livro se chama *Mais respeito, eu sou criança!*.

a) Pelo título e pela ilustração, você acha que o livro é mais indicado para adultos ou para crianças?

______________________________________________

b) Você acha que as crianças são sempre respeitadas? Responda oralmente.

Leia a tira a seguir, com a ajuda do professor.

(Quino. *Mafalda e seus amigos*. São Paulo: Martins Fontes, 1999. p. 23.)

**18** Que animal Miguelito observa no galho?

______________________________________________

**19** O que a palavra **BANG!**, na segunda cena, sugere? Marque:

- [ ] O barulho de um galho quebrando.
- [ ] O barulho de um tiro de revólver.
- [ ] O barulho do passarinho cantando.

**20** Na terceira cena, o passarinho continua no galho.

a) O menino atirou de verdade ou só fingiu que atirou?

_______________________________________________

b) De onde surgiu o barulho **BANG!**?

_______________________________________________

**21** Conforme mostra a última cena, se Miguelito tivesse matado o passarinho, ele se sentiria:

☐ aliviado ☐ culpado ☐ arrependido

**22** E você? Respeita os passarinhos? Por quê? Comente com a classe.

_______________________________________________

**23** Associe as imagens aos sons com um traço:

MidoSemsem/Shutterstock

PIIIIIUUUUUUÍÍÍÍ!

choness/iStockphoto/Getty Images

BLIM! BLEM!

SteveAllenPhoto/iStockphoto/Getty Images/

BI! BI!

Wisconsinart/Shutterstock

CRECK!

# CAPÍTULO 7

# Eu e o outro...

Há muitas formas de expressar carinho: com as mãos, com os olhos, com beijos, com palavras... De que modo você expressa carinho pelas pessoas e pelos animais que ama?

## TEXTO 1

Observe esta pintura, de Candido Portinari:

*Denise com carneiro branco* (1961).

**1** A pintura mostra uma criança. Leia, abaixo da obra, o nome da pintura.

a) A criança é um menino ou uma menina?

_______________________________________________

b) Onde ela está sentada?

_______________________________________________

c) O que ela está fazendo?

_______________________________________________

2 Observe a expressão corporal e facial da criança.

a) O que ela está sentindo pelo animal? Marque:

☐ medo ☐ carinho ☐ confiança

b) E o animal, o que ele está sentindo pela criança? Marque:

☐ medo ☐ carinho ☐ confiança

3 Que animal a criança está segurando? Escreva:

☐

4 Qual das pinturas a seguir você acha que é do mesmo pintor? Por quê? Explique oralmente e marque a pintura.

› *Menino com carneiro* (1954).

› *Crianças brincando com carneiro* (1638).

› *Pastora com seu rebanho* (1863).

5 Você tem algum animal de estimação? Se sim, conte para os colegas a sua experiência de conviver com ele.

## TEXTO 2

Leia o poema a seguir, com o auxílio do professor.

### Magia de primavera

— Bom dia, Joaninha.
— Bom dia, Caracol.

— Passou o amor pela sua casa?
— Pela minha casa? Não senhor!

— Eu vivo sozinha num cogumelo.
— Eu, sozinho embaixo duma flor.

— Que lindo! Que lindo dia!
— Que lindo com tanto sol!

— Primavera está chegando!
— Primavera? Já chegou!

— Adeus, Joaninha querida.
— Adeus, Caracol, col, col.

Nelson Provazi/Arquivo da editora

(Heriberto Tejo. *Poemas com sol e sons.* Poesia Latino-americana para meninas e meninos. São Paulo: Melhoramentos, 2000. p. 51.)

1. No poema, dois animais conversam. Quem são eles?

___

2. Em qual momento do dia eles conversam?

___

3. Onde mora:

a) o Caracol? ___

b) a Joaninha? ___

• Em qual estação do ano eles estão? ___

4. O Caracol chama a Joaninha de "querida". O que esse tratamento demonstra?

___

5. No verso "— Que lindo! Que lindo dia!" foi empregado o ponto de exclamação (!). O que esse sinal expressa no verso?

___

## TEXTO 3

Leia esta história em quadrinhos, com a ajuda do professor:

(Mauricio de Sousa. *Ecologia e meio ambiente*. São Paulo: Panini, 2011. p. 122.)

**1** A galeria de "animais em perigo" está dividida em três grupos. Responda oralmente:

**a)** Quais são os três grupos?

**b)** Qual é a diferença entre os três grupos?

2 A finalidade principal desses quadrinhos é:

- [ ] contar uma história inventada.
- [ ] informar sobre a situação dos animais na natureza.

3 Por que a expressão **animais em perigo** está em vermelho?

______________________________________________________________

______________________________________________________________

4 Ligue as colunas, de acordo com a classificação dos animais.

animais que mamam

animais que põem ovos e voam

animais que põem ovos e não voam

# Exercícios

Leia o texto a seguir, com o auxílio do professor ou de outro adulto.

Adolar/Arquivo da editora

1. Você sabe o que é **reciclagem**? E sabe por que é importante reciclar? Troque ideias com o professor e os colegas sobre o assunto.

2. Observe os desenhos que aparecem acima dos cestos. O que esses desenhos indicam?

___

___

3. Escreva o nome do tipo de material indicado pela cor:

4 Cada cor de cesto indica um tipo diferente de material. Onde você colocaria os materiais abaixo? Ligue o material ao cesto:

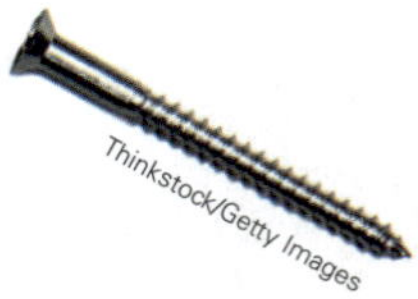
Thinkstock/Getty Images

Thinkstock/Getty Images

Thinkstock/Getty Images

Thinkstock/Getty Images

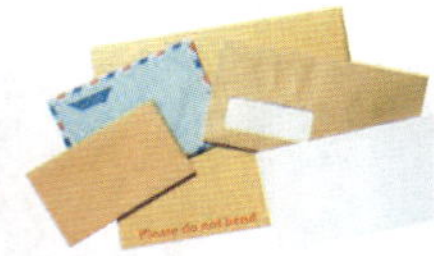
Thinkstock/Getty Images

Jefferson Galdino/Arquivo da editora

Leia este poema, com o auxílio do professor ou de outro adulto:

## Q q

O Q É A LETRA PESADA
DE "QUILO", A LETRA COMPRIDA
DE "QUILÔMETRO", A LETRA ALEGRE
DE "QUERMESSE" E DE "QUINDIM".

(José Paulo Paes e Kiko Farkas. *Uma letra puxa a outra.* São Paulo: Companhia das Letrinhas. 1993.)

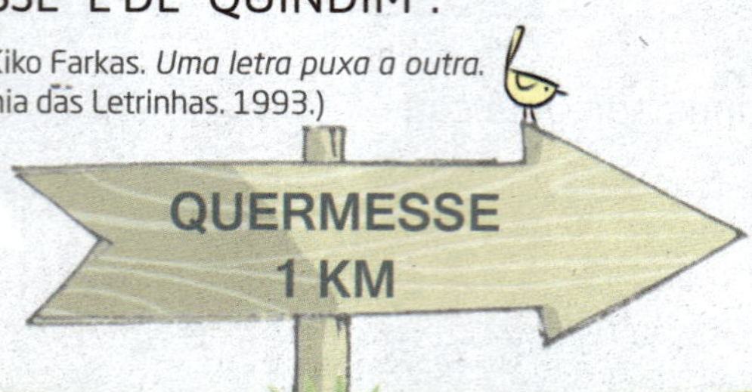

Biry Sarkis/Arquivo da editora

5 O poema fala de qual letra?

______________________________

6 No poema, por que a letra **q** de **quilo** é chamada de "pesada"? E por que a letra **q** de **quermesse** é chamada de "alegre"? Responda oralmente.

**7** Ligue as palavras das colunas, de acordo com o poema:

| | |
|---|---|
| quilo | alegre |
| quilômetro | pesada |
| quermesse | alegre |
| quindim | comprida |

Leia esta tira, com a ajuda do professor ou de outro adulto:

(Fernando Gonsales. *Em boca fechada não entra mosca*. São Paulo: Devir, 2008. p. 8.)

**8** O coelho desafia o lobo.

a) A quem o coelho pertence?

________________________________________

b) O que aconteceu com o coelho no último quadrinho?

________________________________________

**9** O que significa a palavra **NHAC**, do 2º quadrinho?

________________________________________

**10** A graça da tira está no fato de o coelho:

☐ achar que podia comer o lobo.

☐ achar que iria desaparecer, como acontece nos truques de mágica.

**11** Tente resolver as charadas a seguir e escreva as respostas.

a) Quem é que mexe com a cabeça das mulheres?

_______________________________________________

b) Qual é o pé que a gente come?

_______________________________________________

Leia o poema a seguir, com o auxílio do professor ou de outro adulto.

## O cachorrinho

Cachorro bonito
de rabo curtinho
de pelo sedoso
de língua molhada
que lambe meu dedo
que corre na rua
que rola na grama
que pula na poça
e sai todo sujo.
Cachorro bonito
de rabo abanando
você quer ser meu?

(Pedro Bandeira. *Por enquanto eu sou pequeno.* São Paulo: Moderna, 2002. p. 22.)

Biry Sarkis/Arquivo da editora

**12** O poema descreve um cachorro. Responda oralmente: De quem é o cachorro?

**13** Escreva as palavras que, no poema, indicam características do cachorro:

- cachorro: _______________________________
- rabo: _______________________________
- pelo: _______________________________
- língua: _______________________________

**14** O cãozinho faz muitas brincadeiras e estrepolias. Ligue as ações do cachorro aos lugares:

| | |
|---|---|
| lambe | na poça |
| corre | na grama |
| rola | meu dedo |
| pula | na rua |

**15** No final do poema, por que o cachorro está abanando o rabo?

______________________________________________

Leia esta tira, com o auxílio do professor ou de outro adulto:

Banco de Imagens/Projeto Tamar

VOCÊ SABIA? A pesca com redes afeta também as tartarugas.
Elas ficam presas e podem morrer.

(Agenda do Projeto Tamar.)

**16** A tira mostra que as tartarugas marinhas podem ficar presas em redes de pesca.

a) Com que finalidade os pescadores usam essas redes?

______________________________________________

b) O que pode acontecer a uma tartaruga se ela ficar presa em uma dessas redes?

______________________________________________

c) Como é possível evitar que tartarugas fiquem presas em redes de pesca?

______________________________________________

______________________________________________

**17** Vamos resolver uma cruzadinha sobre animais?

1. Adora banana.
2. Utilizado para montaria.
3. Vive no mar.
4. É o símbolo da Páscoa.
5. Faz **miau**.
6. É comido por gato.
7. Animal do qual se toma o leite.
8. É um réptil perigoso.

1

2

3

4

| | | | | | | | | | | | | | | |
|---|---|---|---|---|---|---|---|---|---|---|---|---|---|---|
| | | 1 | | | C | | | | | | | | | |
| | | | 2 | | A | | | | | | | | | |
| | | | | 3 | C | | | | | | | | | |
| 4 | | | | | H | | | | | | | | | |
| | 5 | | | | O | | | | | | | | | |
| | | | | 6 | R | | | | | | | | | |
| | 7 | | | | R | | | | | | | | | |
| | | | 8 | | O | | | | | | | | | |

5

6

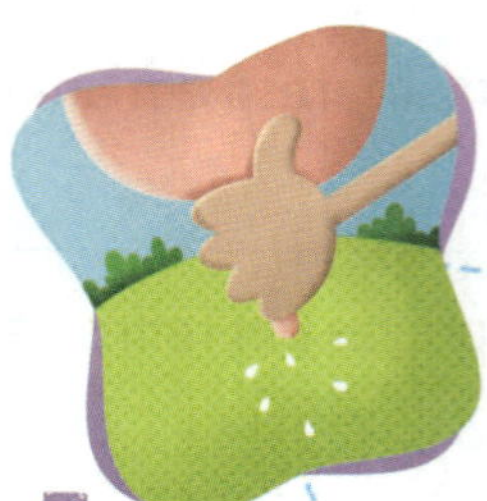
7

8

Carolina Sartório/Arquivo da editora

Leia este cartaz, com a ajuda do professor ou dos colegas:

Prefeitura da Cidade de São Paulo/Secretaria da Saúde/COVISA

**18** O cartaz faz parte de uma campanha. O objetivo da campanha é:

- [ ] ensinar a população a matar os mosquitos transmissores da dengue.
- [ ] ensinar a população a evitar a procriação de mosquitos da dengue.

**19** O que é a dengue? Explique oralmente para os colegas.

**20** Pelo cartaz, é possível saber que o mosquito da dengue precisa de:

- [ ] água parada.
- [ ] borracha.
- [ ] vidro.
- [ ] plástico.

**21** Observe a idade dos personagens apresentados no cartaz. Conclua: O cartaz se dirige a pessoas de que idade: crianças, jovens, adultos ou idosos?

______________________________________________

CAPÍTULO 8

# Descobertas

Você é curioso e gosta de descobrir coisas novas?
Se você já nasceu curioso e não se contenta com poucas explicações, prepare-se: pode estar nascendo um cientista em você...

## TEXTO 1

Há, a seguir, três verbetes de curiosidade. Leia-os, com a ajuda do professor.

**Qual foi o primeiro animal domesticado pelo homem?**

O primeiro animal doméstico foi o cachorro. Pesquisadores acreditam que eles se tornaram os melhores amigos do homem cerca de 30 mil anos atrás — atraídos, inicialmente, pelas sobras de comida produzidas pelos agrupamentos humanos. Ovelhas e cabras foram domesticadas quase 20 mil anos depois dos cachorros. Já os gatos só apareceram depois do surgimento da agricultura, quando o armazenamento de grãos atraiu roedores e, consequentemente, gatos, para o convívio com humanos.

Ilustrações: David Martins/ Arquivo da editora

**Qual a diferença entre crocodilo e jacaré?**

[...] O crocodilo tem o focinho magro e pontudo. Quando ele está de boca fechada, o quarto dente de cada lado do maxilar inferior é maior que os outros e fica para fora. A cabeça do jacaré, por sua vez, é mais longa e arredondada.

Entre as semelhanças, destaque-se que o comprimento do corpo de ambos pode variar de 1,5 metro até 6 metros. Embora habitem o mesmo tipo de ambiente, os pântanos, os dois animais não convivem. No Brasil, por exemplo, existem apenas jacarés.

**Por que não existe comida para gato sabor rato?**

"Experimentos comprovam que os gatos não preferem a carne de rato à de galinha ou gado", afirma Irina Munaro, do Departamento de Comunicação da Waltham, empresa americana que fabrica rações animais. Segundo ela "os gatos caçam por instinto e os pequenos roedores, em geral, são presas fáceis e abundantes". Munaro explica que a criação de ratos é restrita ao mercado de cobaias e pets, não havendo disponibilidade de obter tal carne inspecionada no meio industrial.

(Disponível em: http://www.guiadoscuriosos.com.br. Acesso em: 11/11/2019.)

David Martins/ Arquivo da editora

1 Marque a afirmação correta sobre os primeiros animais domesticados pelo homem.

- [ ] A cabra e a ovelha foram os primeiros animais domesticados.
- [ ] O gato foi domesticado quando surgiu a agricultura, pois ele adora grãos.
- [ ] O cachorro se aproximou do homem porque estava interessado nas sobras de comida.

2 Marque a afirmação correta a respeito do crocodilo e do jacaré.

- [ ] Os dois animais vivem juntos em lugares pantanosos.
- [ ] Os dois animais podem ter entre 1,5 metro e 6 metros de comprimento.
- [ ] Os dois animais têm dentes que ficam para fora da boca.

3 Suponha que alguém tenha dito que viu um crocodilo enorme em Mato Grosso. O animal que a pessoa viu era mesmo um crocodilo? Por quê?

_______________________________________________

**4** Marque a afirmação correta sobre os gatos:

- [ ] O rato é o alimento preferido dos gatos.
- [ ] Uma empresa americana vai lançar no mercado a ração sabor rato.
- [ ] O gato prefere carne de galinha e de boi a carne de rato.

**5** Se seu gato aparece com um rato na boca, é sinal de que ele está com fome? Troque ideias com os colegas.

**6** Dos animais sobre os quais você leu nos verbetes, qual tem maior proximidade com o ser humano desde o início da domesticação de animais? Por quê?

______________________________________________

______________________________________________

## TEXTO 2

Com a ajuda do professor ou dos colegas, leia a tabela a seguir sobre o número de horas de sono recomendável de acordo com a idade.

| | | |
|---|---|---|
| Recém-nascido | 0-3 meses | 14 a 17 horas por dia |
| Bebê | 4-11 meses | 12 a 15 horas por dia |
| Primeira infância | 1-2 anos | 11 a 14 horas por dia |
| Idade pré-escolar | 3-5 anos | 10 a 13 horas por dia |
| Idade escolar | 6-13 anos | 9 a 11 horas por dia |
| Adolescente | 14-17 anos | 8 a 10 horas por dia |
| Jovem adulto | 18-25 anos | 7 a 9 horas por dia |
| Adulto | 26-64 anos | 7 a 9 horas por dia |
| Idoso | a partir de 65 anos | 7 a 8 horas por dia |

(Disponível em: https://www.uol.com.br/vivabem/noticias/redacao/2018/08/14/quantas-horas-eu-preciso-dormir-veja-o-tempo-ideal-para-cada-idade.htm. Acesso em: 11/11/2019.)

Ilustra Cartoon/Arquivo da editora

1. Segundo a tabela, qual é a faixa etária que dorme mais?

_______________________________________________

2. E qual é a faixa etária que dorme menos?

_______________________________________________

3. Ligue a faixa etária ao número de horas de sono por dia.

idade escolar

adolescente

jovem adulto

adulto

idoso

7 a 9 horas

8 a 10 horas

7 a 8 horas

9 a 11 horas

Ilustrações: Ilustra Cartoon/Arquivo da editora

4 Observe a tabela e responda:

a) Você se encaixa em qual faixa etária?

______________________________________________

b) O número de horas que você dorme diariamente coincide com o que informa a tabela?

______________________________________________

## TEXTO 3

Leia o texto de divulgação científica a seguir, com a ajuda do professor ou dos colegas.

Um **eclipse solar** é um fenômeno astronômico que ocorre sempre que a Lua se posiciona entre o planeta Terra e o Sol, formando uma sombra que abrange uma pequena faixa da superfície terrestre, fazendo com que, durante o eclipse, essa área fique escura durante um intervalo de tempo limitado do dia.

(Disponível em: https://brasilescola.uol.com.br/geografia/eclipse-solar.htm. Acesso em: 11/11/2019.)

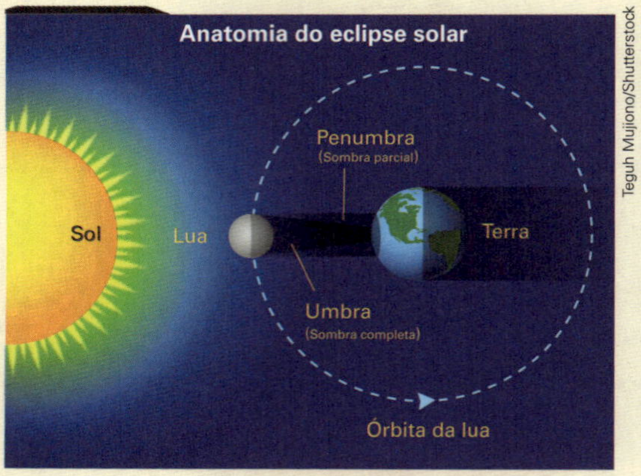


Esquema explicativo de um eclipse solar.

1 Para acontecer o eclipse solar, qual astro tem de se posicionar entre o Sol e a Terra?

______________________________________________

2 A sombra abrange uma pequena faixa da superfície da Terra ou toda a Terra?

______________________________________________

3 Durante o eclipse, a área da Terra afetada fica ensolarada ou escura?

______________________________________________

4 O eclipse dura muito tempo ou ocorre em um tempo limitado do dia?

______________________________________________

5 Você já viu um eclipse? Se sim, conte aos colegas como foi.

# Exercícios

Observe esta pintura, do artista italiano Giuseppe Arcimboldo:

*Primavera* (1573).

**1** A pintura é um retrato surpreendente de uma pessoa.

a) Quem é retratado: um homem ou uma mulher?

______________________________________________

b) Por que esse retrato é surpreendente? O que forma o rosto e o corpo da pessoa retratada?

______________________________________________

______________________________________________

**2** A pintura chama-se *Primavera*.

a) **Primavera** é também uma das quatro estações do ano. Quais são as outras três estações?

______________________________________________

b) Na sequência das estações do ano, em que posição está a primavera: no início ou no fim?

______________________________________________

c) Por que o pintor usou flores e hortaliças para retratar a primavera? Responda oralmente.

**3** Observe novamente a pintura.

a) A pessoa retratada é jovem ou é idosa?

______________________________________________

b) Que relação a idade da pessoa tem com a primavera? Responda oralmente.

c) Por que o pintor retratou a primavera como mulher e não como homem? Responda oralmente.

**4** Veja outras três pinturas de Arcimboldo:

Reprodução/Museu do Louvre, Paris, França.

Reprodução/Museu do Louvre, Paris, França.

Reprodução/Museu do Louvre, Paris, França.

Leia, abaixo, as características do verão, do outono e do inverno.
Depois, associie o nome dessas estações a cada pintura e escreva-o.

- VERÃO: época em que há abundância de frutas e legumes.
- OUTONO: época em que as folhas começam a cair e aparecem frutas, legumes e sementes típicos da estação.
- INVERNO: época em que a maioria das árvores fica sem folhas e com poucos frutos.

Leia a cantiga a seguir, com a ajuda do professor ou de outro adulto.

O cravo brigou com a rosa,
Debaixo de uma sacada,
O cravo saiu ferido,
E a rosa despedaçada.

O cravo ficou doente,
A rosa foi visitar,
O cravo teve um desmaio,
E a rosa pôs-se a chorar.

(Da tradição popular.)

Nelson Provazi/Arquivo da editora

**5** A cantiga fala do relacionamento de duas flores: o cravo e a rosa.

a) Qual delas representa o masculino?

______________________________

b) E qual representa o feminino?

______________________________

c) Como está o relacionamento dos dois?

______________________________

______________________________

**6** A segunda parte da cantiga conta que o cravo ficou doente e a rosa foi visitá-lo.

a) Qual foi a reação do cravo?

______________________________________________

b) Por que a rosa chorou?

______________________________________________

______________________________________________

Leia, com o auxílio do professor ou de outro adulto, a história em quadrinhos que segue.

© Ziraldo Alves Pinto/Acervo do cartunista

(Ziraldo. *Curta o Menino Maluquinho... em histórias rapidinhas*. São Paulo: Globo, 2006. p. 64.)

**7** O Menino Maluquinho fez uma enquete. O que é uma enquete?

______________________________________________

______________________________________________

8 No último quadrinho, Junim diz que o Menino Maluquinho "ganhou a mãe" pela semana inteira. O que ele quis dizer com isso? Marque a resposta correta:

- [ ] Quis dizer que o Menino Maluquinho conseguiu deixar a mãe contente por uma semana.
- [ ] Quis dizer que o Menino Maluquinho vai ficar na companhia da mãe durante toda a semana.

9 Por que o Menino Maluquinho começou a revelar o resultado da pesquisa de trás para a frente, ou seja, do terceiro lugar para o primeiro lugar?

______________________________________________

______________________________________________

10 O título da história é "Primeiríssimo lugar". Qual é a diferença entre dizer **primeiro lugar** e **primeiríssimo lugar**?

______________________________________________

______________________________________________

______________________________________________

______________________________________________

Leia o poema a seguir, com a ajuda do professor ou de outro adulto.

## A formiga

A formiga
paciente
nunca
fica doente.

Mas a formiga
tem cara
de nervosa.

A formiga
só sabe sorrir
contente,
quando no seu
batente
encontra um pé
de rosa.

(Elias José. *Um pouco de tudo – De bichos, de gente, de flores.* São Paulo: Paulus, 1982.)

Nelson Provazi/Arquivo da editora

**11** Qual é a principal característica da formiga? Marque:

☐ É doente. ☐ É paciente.

**12** Como é a cara da formiga? Escreva:

______________________________

**13** O que deixa a formiga contente?

______________________________

______________________________

**14** O que é o "batente" da formiga?

______________________________

______________________________

**15** Escreva as palavras que rimam:

a) com **paciente**

______________________________

b) com **nervosa**

______________________________

Leia o texto a seguir com o auxílio do professor ou de outro adulto.

## Julia, 12, faz cavalo obedecer aos seus comandos

Quem olha Julia Nemr, 12, e seu cavalo Zinco juntos geralmente não entende muito bem o que está acontecendo. O animal anda pra lá, pra cá, levanta a pata...

"Se você não conhece o esporte, não imagina como ele é difícil", diz a garota, que faz parte da seleção brasileira de adestramento — modalidade em que o cavalo precisa executar determinada sequência de movimentos. "Cada toque no animal é um comando diferente", explica.

Adriano Vizoni/Folhapress

Além dos treinos em São Paulo, duas vezes por semana, Julia ainda passa na hípica nos finais de semana para encontrar Zinco. "Você precisa construir uma relação de confiança com o cavalo. Então vou visitá-lo para conversar, ver como ele está."

A relação com o animal extrapola a montaria. "Eu me sinto importante ao conseguir controlar um bicho tão grande. E fico mais focada e confiante também, ajuda até na escola", conta a atleta.

(Disponível em: https://www1.folha.uol.com.br/folhinha/2014/11/1544805-julia-12-faz-cavalo-obedecer-aos-seus-comandos.shtml. Acesso em: 11/11/2019.)

**16** O texto trata das atividades esportivas de uma menina.

a) Qual é o nome da menina?

______________________________

b) Quantos anos ela tem?

______________________________

**17** Qual esporte a menina pratica? Marque:

☐ natação

☐ adestramento

☐ corrida

**18** Para Julia:

a) O esporte que ela pratica é fácil ou difícil?

______________________________

b) Que tipo de relação deve haver entre o adestrador e o cavalo?

______________________________

______________________________

**19** O esporte que Julia pratica:

☐ atrapalha na escola porque ela não tem tempo para estudar.

☐ ajuda na escola porque ela fica mais concentrada nos estudos.

Leia a letra de uma canção, com a ajuda do professor ou de outro adulto:

## Cultura

O girino é o peixinho do sapo
O silêncio é o começo do papo
O bigode é a antena do gato
O cavalo é o pasto do carrapato

O cabrito é o cordeiro da cabra
O pescoço é a barriga da cobra
O leitão é um porquinho mais novo
A galinha é um pouquinho do ovo

O desejo é o começo do corpo
Engordar é a tarefa do porco
A cegonha é a girafa do ganso
O cachorro é um lobo mais manso

O escuro é a metade da zebra
As raízes são as veias da seiva
O camelo é um cavalo sem sede
Tartaruga por dentro é parede

O potrinho é o bezerro da égua
A batalha é o começo da trégua
Papagaio é um dragão miniatura
Bactérias num meio é cultura

(Arnaldo Antunes. CD *Canções curiosas*, do grupo Palavra Cantada.)

Nelson Provazi/Arquivo da editora

**20** A canção é divertida por causa de algumas definições surpreendentes. Explique estas definições:

a) "O bigode é a antena do gato".

______________________________________________

b) "O cavalo é o pasto do carrapato".

______________________________________________

______________________________________________

c) "O pescoço é a barriga da cobra".

______________________________________________

______________________________________________

d) "A galinha é um pouquinho do ovo".

______________________________________________

**21** Sobre o verso "A cegonha é a girafa do ganso", responda:

a) Entre a cegonha e o ganso, qual tem pescoço mais longo?

b) Por que a letra da canção afirma que "a cegonha é a girafa do ganso"?

**22** Em relação ao verso "O escuro é a metade da zebra", responda:

a) Geralmente, quais são as cores de uma zebra?

b) Por que metade da zebra é escura?

**23** O último verso é: "Bactérias num meio é cultura". Você sabe o que é bactéria? Se não, pergunte aos seus familiares e, na classe, conte aos colegas o que aprendeu.

**24** A canção afirma: "O cachorro é um lobo mais manso". Se você sabe, explique para os colegas o parentesco entre o cachorro e o lobo.

**25** A canção se chama "Cultura". Veja alguns sentidos dessa palavra:

- ☐ conjunto de conhecimentos
- ☐ cultivo da terra; agricultura
- ☐ cultivo de bactérias, células e tecidos

Quais desses sentidos estão relacionados com o título da canção? Marque.

## VAMOS CANTAR?

Ouça a canção "Cultura" várias vezes, acompanhando-a no livro e tentando memorizá-la. Depois, cante-a com toda a turma.

CAPÍTULO 9

# Vamos fazer arte?

Um anzol desenhado na folha de papel começa a se transformar em um nariz engraçado... A mão que bate em uma mesa começa a virar o ritmo de uma música... Vamos brincar de arte?

## TEXTO 1

Leia esta história em quadrinhos, de Mauricio de Sousa, com a ajuda do professor ou dos colegas:

### Papel machê

***A Magali foi visitar o Quinzinho e encontrou uns pães tão tentadores em cima do balcão que NHAC... engoliu todos de uma só vez. Nem deu tempo de avisar que eram de papel machê.***

Pique o papel higiênico e coloque-o numa bacia com água (desenho 1). Quanto menores forem os pedacinhos, melhor.

Acrescente a água sanitária e deixe de molho de um dia para o outro.

Escorra toda a água, mas não esprema o papel (desenho 2).

Acrescente a farinha de trigo aos pouquinhos e vá mexendo até conseguir uma massa lisa e firme (desenho 3). Se a massa ficar muito dura ou quebradiça, é só colocar mais água.

**VOCÊ VAI PRECISAR DE:**
- 1 rolo de papel higiênico
- farinha de trigo
- 3 colheres de sopa de cola
- 1 colher de sopa de água sanitária
- lixa fina
- tinta guache ou plástica

Junte a cola à mistura e amasse tudo com as mãos. Prontinho! Pode modelar o que quiser. Depois, espere secar, lixe, e então pinte.

Se preferir, substitua o papel higiênico por jornal. Nos dois casos, você pode pedir ajuda para a mamãe e bater todos os ingredientes no liquidificador.

60 61



(*Manual de brincadeiras da Mônica*. São Paulo: Globo, 2003. p. 62-63.)

1 Magali foi visitar Quinzinho, que, na Turma da Mônica, é filho de um padeiro.

a) O que Magali viu sobre o balcão da padaria?

______________________________________________

______________________________________________

b) O que ela fez?

______________________________________________

c) O que aconteceu com ela?

______________________________________________

______________________________________________

2 Essa história mostra uma característica de Magali. Qual?

______________________________________________

3 Você sabe o que é **papel machê**? Se não, pergunte aos colegas e ao professor.

4 Além de contar essa história, o texto também pretende:

- [ ] mostrar como o pai de Quinzinho faz pães na padaria.
- [ ] ensinar as crianças a fazer arte com papel machê.

5 O assunto principal do texto é como fazer pão ou como fazer objetos de papel machê?

______________________________________________

6 O texto apresenta quatro desenhos numerados. Para que servem os desenhos?

______________________________________________

______________________________________________

7 Para que serve o boxe "VOCÊ VAI PRECISAR DE"?

_______________________________________________

_______________________________________________

8 Você já usou papel machê? O que você fez? Achou fácil ou difícil? Conte para os colegas. Depois, tente seguir as instruções do texto e fazer os pãezinhos. Quando estiverem prontos, leve-os à classe para mostrar aos colegas.

## TEXTO 2

Leia este anúncio com a ajuda do professor ou dos colegas.

Reprodução/Partage Shopping Mossoró

(Disponível em: http://paduacampos.com.br/2012/tag/feira-do-livro-de-mossoro-2015/. Acesso em: 11/11/2019.)

1. O anúncio informa um importante evento que acontece na cidade de Mossoró, no Rio Grande do Norte.

a) Qual é o evento?

_______________________________________________

b) Quando ele vai acontecer?

_______________________________________________

c) Onde vai acontecer?

_______________________________________________

2. Há quantos anos esse evento acontece em Mossoró?

_______________________________________________

3. No alto do anúncio lemos:

LEITURA E EMOÇÃO

Por que as palavras **leitura** e **emoção** estão juntas? Marque:

- [ ] Porque as emoções podem provocar muitas leituras.
- [ ] Porque a leitura pode provocar diferentes emoções.

4. Observe agora estas carinhas do anúncio:

Reprodução/Partage Shopping Mossoró

Ligue as carinhas ao significado de cada uma:

triste

surpreso

apaixonado

alegre

bravo

desconfiado

Ilustrações: Reprodução/Partage Shopping Mossoró

**5** Responda oralmente: Que relação existe entre as carinhas e os livros?

**6** Você já foi a uma feira do livro? Gostou da experiência? Se sim, conte para os colegas como foi, o que viu e conheceu. Se comprou algum livro, conte qual foi e diga se gostou ou não e por quê.

## TEXTO 3

Observe parte da página de abertura do *site* do SESC — São Paulo:

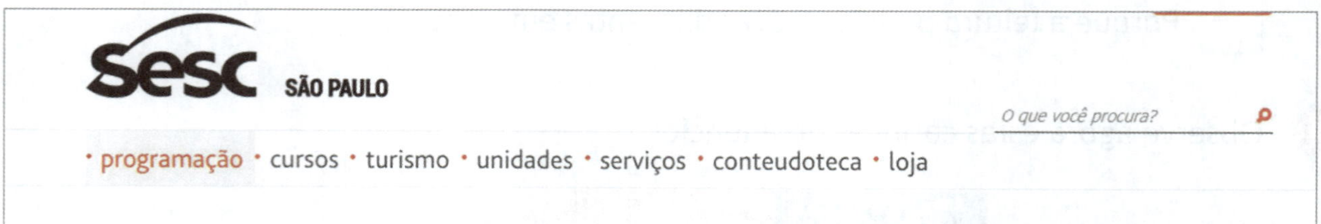


Reprodução/ <https://www.sescsp.org.br/>

(Disponível em: https://www.sescsp.org.br/. Acesso em: 12/11/2019.)

**1** Responda oralmente:

a) Para que serve esta barra do *site*?

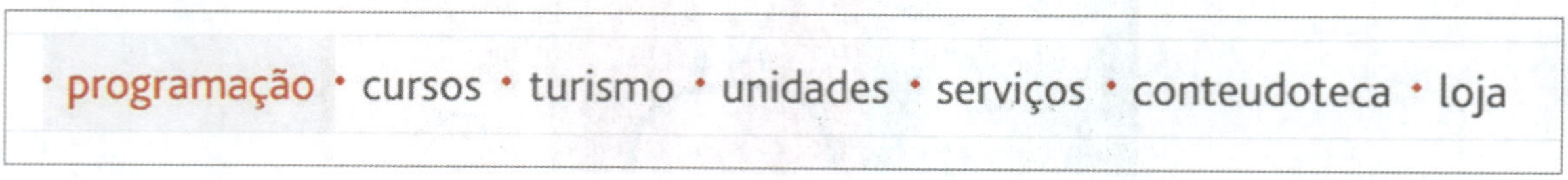


Reprodução/ <https://www. sescsp.org.br/>

**b)** Observe, a seguir, a parte do *site* que tem uma lupa. Para que serve essa parte? O que o internauta tem de fazer para usar essa parte?

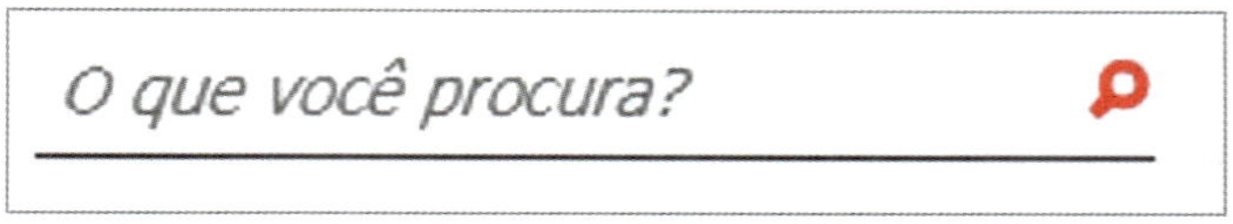


Reprodução/<https://www.sescsp.org.br/>

**2** Observe o quadro a seguir com os ícones que dão acesso à programação do SESC — São Paulo:

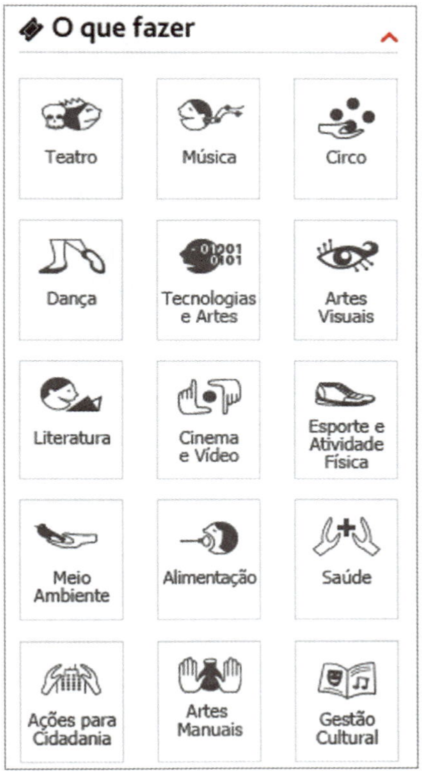


Reprodução/<https://www.sescsp.org.br/>

(Disponível em: https://www.sescsp.org.br/programacao/#/content=busca-por-atividades#/fdata=%2Fprogramacao%2Fajax%2FhomeView.action. Acesso em: 12/11/2019.)

Em qual ícone você deve clicar se quiser saber:

**a)** quais espetáculos musicais serão apresentados no mês. Marque com um X.

**b)** que filmes serão apresentados no mês. Marque com um único traço.

**c)** em que dias da semana pode-se fazer natação. Marque com um círculo.

**d)** se vai haver lançamento de livros. Marque com a letra L.

**e)** se vai ser apresentada alguma peça infantil. Marque com a letra P.

**3** Você tem o hábito de acessar *sites* para pesquisar sobre lazer? Se sim, conte quais você consulta.

# Exercícios

Observe o texto a seguir.

© Michele Iacocca/Acervo do ilustrador

(Carolina Michelini. *O violino*. Ilustrações de Michele Iacocca. São Paulo: Formato, 2013. p. 6-7.)

**1** O menino caminhava na rua e, de repente, parou.

a) Por que ele parou?

________________________________________________

________________________________________________

b) Quem acompanhava o menino?

________________________________________________

**2** O menino olha para o homem.

a) Que instrumento o homem toca?

________________________________________________

b) Qual é a provável profissão desse homem?

________________________________________________

c) Para que serve o chapéu que está no chão?

________________________________________________

________________________________________________

**3** Observe o menino.

a) Quantos anos o menino aparenta ter?

______________________________________________

b) Pela expressão facial do menino, ele gosta da apresentação?

☐ Sim. ☐ Não.

**4** O músico termina a apresentação musical.

a) Qual é a reação do menino?

______________________________________________

b) Ele põe algum dinheiro no chapéu do músico?

______________________________________________

c) Você acha que o músico ficou chateado por isso? Marque:

☐ Sim, pois ele depende de gorjetas para viver. Por isso foi tocar em outro lugar.

☐ Aparentemente não, pois agradeceu os aplausos e saiu sorrindo.

**5** A música, a literatura, a pintura, enfim, a arte tem o poder de encantar as pessoas. De qual tipo de arte você gosta mais? Na classe, comente com os colegas e com o professor e explique por quê.

Leia o poema a seguir, com a ajuda do professor ou de outro adulto.

## A lagartixa

A lagartixa
larga lá
na lata
de lixo
 uma larga lixa.

— Isso é lugar
 de lixa?
Dizem pra lagartixa,
buscando rixa.

Só que a lagartixa
nem se lixa.

Lixo e lixa
são coisas mixas.

E a lagartixa
só quer limpeza
e uma pele lisa.

Que fique a lixa
na lata de lixo...

(Elias José. *O jogo da fantasia*. São Paulo: Paulus, 2001. p. 15.)

Nelson Provazi/Arquivo da editora

6 O que a lagartixa jogou no lixo?

_______________________________________________

7 Do que a lagartixa gosta?

_______________________________________________

_______________________________________________

8 Alguém, “buscando rixa”, disse para a lagartixa que o lixo não é lugar de lixa. A palavra **rixa** significa:

☐ diálogo. ☐ briga. ☐ amizade.

9 Nos versos “Só que a lagartixa / nem se lixa”, o que quer dizer a expressão **nem se lixa**? Marque:

☐ Ela fica furiosa.

☐ Ela não dá importância.

10 A lagartixa acha que **lixo** e **lixa** são coisas mixas. O que quer dizer **mixas**?

_______________________________________________

_______________________________________________

11 No final, a lagartixa tirou a lixa do lixo ou não?

_______________________________________________

12 Escreva as palavras que, no poema, rimam com **lagartixa**:

_______________________________________________

13 O poema é bastante sonoro e, além das rimas, há um som que se repete bastante. Qual é a letra ou som que se repete?

_______________________________________________

Leia o poema com a ajuda do professor ou de outro adulto.

## Chora, crocodilo!

Chora, ah, como você chora,
Um choro claro e com estilo,
E como capricha no seu chorar,
Lágrimas aos borbotões, aos litros
Chorando, chorando sempre,
Aos baldes, aos tonéis, aos quilos,
Sem parar, sem descansar,
Chorando, chorando até perder os cílios.
Lágrimas de crocodilo.

(Sérgio Capparelli. *Poesia de bicicleta*. Porto Alegre: LPM, 2009. p. 31.)

Nelson Provazi/Arquivo da editora

**14** Quem chora no poema é uma pessoa ou um crocodilo?

______________________________________________

**15** Você acha que existe exagero nos versos abaixo? Por quê?

> Chorando, chorando sempre,
> Aos baldes, aos tonéis, aos quilos

______________________________________________

______________________________________________

**16** A expressão **lágrimas de crocodilo** quer dizer:

☐ lágrimas fingidas.

☐ lágrimas verdadeiras.

**17** Faça um círculo em torno das palavras abaixo que rimam com **estilo** no poema:

| chorar | litros | quilos | cílios | crocodilo |
|---|---|---|---|---|

Leia a tira a seguir, com a ajuda do professor ou de outro adulto.

(Ziraldo. *As melhores tiradas do Menino Maluquinho*. 2. ed. São Paulo: Melhoramentos, 2000. p. 57.)

**18** A mãe do Menino Maluquinho mandou o filho "parar de comer porcarias". O que você imagina que sejam essas "porcarias"?

______________________________________________

______________________________________________

**19** Por que o Menino Maluquinho não colocou o caderno e os livros na mochila?

______________________________________________

______________________________________________

Leia o texto a seguir com a ajuda do professor ou de outro adulto.

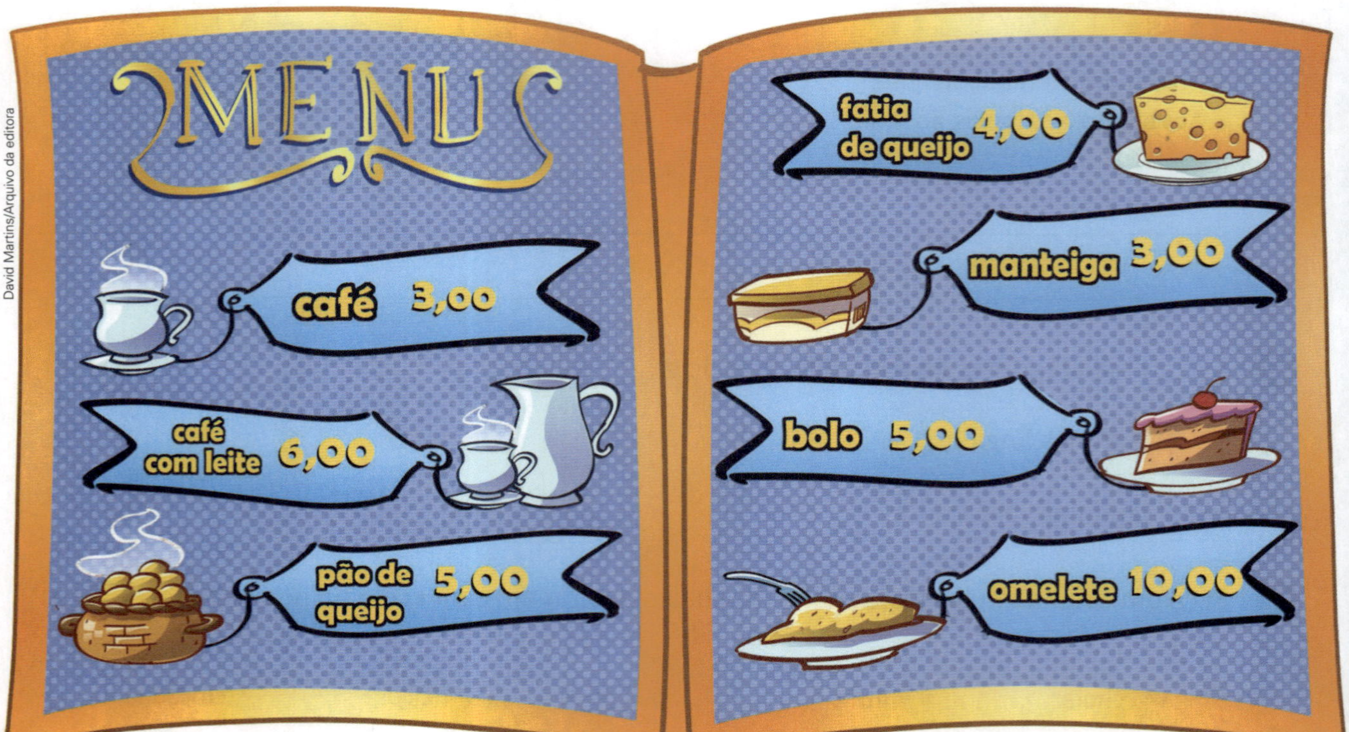

**20** Pelas características do texto, trata-se de uma lista de compras, de um cardápio ou de um anúncio publicitário?

______________________________________________

**21** Onde encontramos textos como esse?

______________________________________________

______________________________________________

**22** Qual é a finalidade principal de um texto como esse?

______________________________________________

______________________________________________

______________________________________________

Com a ajuda do professor ou de outro adulto, leia a sinopse de um filme.

## Turma da Mônica – Laços

Turma da Mônica — Laços, Brasil/2019, 97 min. Infantil

★★★★★ **LEIA A CRÍTICA DO FILME**

**Dirigido por** Daniel Rezende
**Com** Giulia Benite, Kevin Vechiatto, Laura Rauseo

Floquinho, o cachorro do Cebolinha, desapareceu. O menino cria, então, um plano infalível para resgatar o cãozinho, contando com a ajuda de seus fiéis amigos: Mônica, Magali e Cascão.

(Disponível em: https://cultura.estadao.com.br/divirta-se/guia-de-cinema/filmes/turma-da-monica-lacos,8143. Acesso em: 12/11/2019.)

Reprodução/Paris Filmes

**23** Responda:

a) O texto é uma sinopse de qual filme?

______________________________________________

b) Quem é o diretor?

______________________________________________

c) Quem são os atores principais do filme?

______________________________________________

______________________________________________

**24** Em que ano ocorreu a estreia do filme?

______________________________________________

**25** Qual é a duração do filme?

______________________________________________

**26** O crítico de cinema avalia o filme atribuindo estrelas. As notas vão de 1 a 5 estrelas. Quando um filme recebe uma única estrela, ele é considerado fraco; quando recebe cinco estrelas, é considerado ótimo.

a) Quantas estrelas o filme recebeu?

______________________________________________

b) Como o crítico avaliou o filme?

______________________________________________

______________________________________________

______________________________________________

**27** Você se interessou em assistir ao filme, depois de ler a sinopse?

______________________________________________

______________________________________________

A seguir, leia o **índice** de um livro com a ajuda do professor ou de outro adulto.

## ÍNDICE

- A ROSA AZUL
- CHAPEUZINHO VERMELHO
- A GALINHA VERMELHA
- O ROUXINOL DO IMPERADOR
- A FESTA NO CÉU
- HISTÓRIA DE AMOR

28 Para que serve o **índice** de um livro?

______________________________________________

______________________________________________

29 Além de livros, em que outro tipo de suporte podemos encontrar índices?

______________________________________________

______________________________________________

30 Pelo índice que você leu, conclua: Que tipo de história tem o livro?

______________________________________________

______________________________________________

31 Você conhece alguma dessas histórias? Se sim, conte-a para os colegas.

# CAPÍTULO 10

# Ser cidadão

Você já deve ter ouvido alguém falar que é importante ser um cidadão. Mas o que é um cidadão? Será que toda pessoa que mora em uma cidade é cidadão ou será que cidadão é aquele que tem direito à cidadania?

Mas o que é cidadania?

Veja um exemplo de cidadania, lendo este cartaz, com a ajuda do professor ou dos colegas:

## TEXTO 1

Associação Comercial e Industrial de Araguaína – ACIARA/Sebrae/Prefeitura de Araguaína

1 O texto faz parte de uma campanha.

a) Qual é o nome da campanha?

______________________________________________

b) Qual é a finalidade do texto?

______________________________________________

c) Que público o texto pretende atingir?

______________________________________________

2 O texto destaca com letras coloridas a frase "Praia limpa, praia viva". O que acontece com os animais e com as plantas, quando há lixo nas praias e no mar?

______________________________________________

3 Na parte de baixo do texto, há um par de chinelos, uma bola e uma boia. Responda oralmente: O que eles significam?

4 No anúncio, há quatro animais que dão dicas sobre o meio ambiente.

a) Quais deles podem viver no mar ou próximo do mar?

______________________________________________

b) Qual deles prefere outro ambiente?

______________________________________________

5 Releia as dicas dos animais e responda oralmente:

a) Para que servem os sacos plásticos na praia?

b) As pessoas normalmente se sentem responsáveis pelo lixo que produzem?

c) O que é lixo seco e lixo orgânico?

6 Troque ideias com os colegas: O que é ter uma atitude cidadã com relação à cidade e ao meio ambiente?

## TEXTO 2

Leia o cartaz com a ajuda do professor ou dos colegas:

Ilustra Cartoon/Arquivo da editora

1 Onde encontramos esse tipo de cartaz?

_______________________________________________

2 A finalidade do cartaz é orientar ou fazer uma reclamação?

_______________________________________________

3 Vemos uma figura masculina no desenho. As instruções servem apenas para homens ou para todas as pessoas?

_______________________________________________

4 Os itens "Não urine no chão" e "Após o uso, dê descarga" estimulam a limpeza ou a rapidez no uso do sanitário?

_______________________________________________

5. Por que, segundo o cartaz, se deve jogar o papel no cesto de lixo e não no vaso sanitário?

_______________________________________________

_______________________________________________

_______________________________________________

6. Leia este trecho do cartaz:

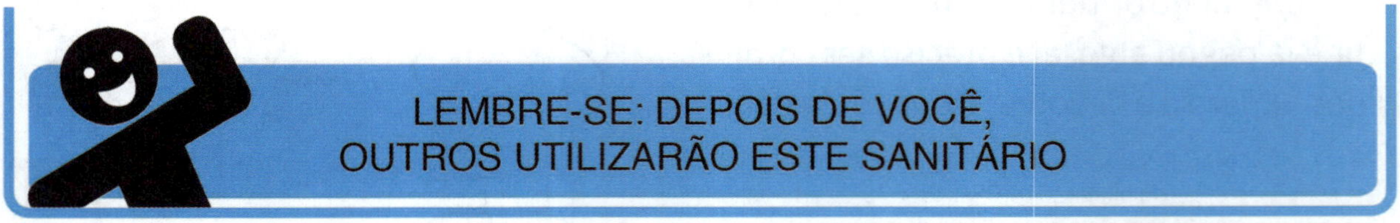


Ilustra Cartoon/Arquivo da editora

Responda oralmente:

a) O que ocorre quando não se dá descarga no vaso sanitário, depois de usá-lo?

b) Você tem o hábito de dar descarga e deixar o sanitário limpo para o próximo que vai usá-lo?

## TEXTO 3

A cidadania também se revela em nossos pequenos gestos em relação aos outros. Leia o texto a seguir, com a ajuda do professor ou dos colegas.

### É certo pegar coisas de amigos?

[...]

Conheci uma garota de três anos que adorava levar pedrinhas da escola para casa. Ô tentação!

Um pouco mais crescidas, as crianças ficam com desejo de ter algo que algum colega tem: uma borracha diferente, um lápis colorido, qualquer coisa!

Aí, aparece aquela comichão dentro delas, que é a vontade de pegar algo para si quando todos estão distraídos. Ô tentação!

[...]

Devemos resistir à tentação de pegar coisas dos outros principalmente porque não é certo fazer isso.

A gente precisa mandar nas nossas vontades, e não deixar que elas mandem em nós.

Quando uma tentação é muito, muito forte, a criança precisa da ajuda de um adulto para resistir: dos pais e, na escola, dos professores. Se isso acontecer um dia com você, fale com sua mãe ou com o seu pai: eles irão ajudar.

E, quando a criança não conseguiu resistir e já pegou algo, aí é preciso ser corajosa, desculpar-se e devolver o que foi pego.

(Rosely Sayão. Disponível em: https://www1.folha.uol.com.br/folhinha/2014/05/1455678-e-certo-pegar-coisas-de-amigos-leia-coluna-de-rosely-sayao.shtml. Acesso em: 12/11/2019.)

Biry Sarkis/Arquivo da editora

**1** O assunto do texto é o desejo de:

- [ ] levar pedrinhas da escola para casa.
- [ ] pegar objetos de outras pessoas.

**2** Para a autora, esse desejo em algumas pessoas é como uma distração ou uma tentação?

______________________________________________

**3** Sobre a frase "Aí, aparece aquela comichão dentro delas":

**a)** O que é uma comichão?

______________________________________________

______________________________________________

**b)** Por que as crianças podem ter essa comichão? Responda oralmente.

______________________________________________

______________________________________________

4 No trecho “Quando uma tentação é muito, muito forte, a criança precisa da ajuda de um adulto”:

a) Quem são os adultos que podem ajudar?

_______________________________________________

_______________________________________________

b) Por que a palavra **muito** foi escrita duas vezes nesse trecho?

_______________________________________________

_______________________________________________

5 A autora recomenda que a criança não pegue o que não é dela.

a) Mas, se pegar, o que ela deve fazer?

_______________________________________________

_______________________________________________

b) Por que a autora acha que essa atitude é corajosa?

_______________________________________________

_______________________________________________

6 Na frase

> “A gente precisa mandar nas nossas vontades, e não deixar que elas mandem em nós.”

a palavra **elas** se refere a **gente** ou a **vontades**?

_______________________________________________

7 Você já passou pela “tentação” de pegar alguma coisa que não era sua? O que você fez? Conte para os colegas.

# Exercícios

Leia a letra da canção a seguir, com a ajuda do professor.

## Pequeno cidadão

Biry Sarkis/Arquivo da editora

Agora pode tomar banho,
Agora pode sentar pra comer,
Agora pode escovar os dentes,
Agora pega o livro, pode ler.

Agora tem que jogar videogame,
Agora tem que assistir TV,
Agora tem que comer chocolate,
Agora tem que gritar pra valer!

Agora pode fazer a lição,
Agora pode arrumar o quarto,
Agora pode amarrar o sapato.

Agora tem que jogar bola dentro de casa,
Agora tem que bagunçar,
Agora tem que sujar de lama,
Agora tem que pular no sofá!

É sinal de educação,
Fazer sua obrigação,
Para ter o seu direito de pequeno cidadão.

(Arnaldo Antunes. Disponível em: https://www.letras.mus.br/pequeno-cidadao/1515564/. Acesso em: 12/11/2019.)

**1** O "pequeno cidadão" mencionado na canção é:

- [ ] qualquer pessoa.
- [ ] um adulto.
- [ ] uma criança.

2 Na canção há uma série de ações: tomar banho, sentar para comer, escovar os dentes, etc. O que são essas ações na vida de uma criança?

______________________________________________________________

______________________________________________________________

3 Na canção, há coisas que a criança pode fazer e há coisas que a criança tem que fazer.

a) Qual é a diferença? Associe:

- ter que fazer — opcional
- pode fazer — obrigatório

b) Dê um exemplo de uma coisa que você tem que fazer todo dia. Responda oralmente.

c) Dê um exemplo de uma coisa que você pode fazer todo dia ou de vez em quando. Responda oralmente.

4 De todas as ações apresentadas na canção:

a) fazer a lição, arrumar o quarto, amarrar o sapato são ações que, geralmente, você tem que fazer ou pode fazer?

______________________________________________________________

b) jogar bola, bagunçar, pular no sofá são ações que, geralmente, você tem que fazer ou pode fazer?

______________________________________________________________

______________________________________________________________

c) há uma inversão? Se sim, explique por quê.

______________________________________________________________

______________________________________________________________

5 Todo cidadão tem direitos e deveres. Para o "pequeno cidadão" conquistar seus direitos, o que ele precisa fazer?

______________________________________________________________

______________________________________________________________

6 Você se considera um pequeno cidadão? Quais são seus deveres e obrigações como criança? Quais são seus deveres e seus direitos como aluno? Troque ideias com os colegas.

## VAMOS CANTAR?

Seguindo a orientação do professor, assista à animação "Pequeno cidadão", acompanhando a letra pelo livro, até memorizar. Depois, cante a canção com toda a classe.

---

Leia esta história em quadrinhos com a ajuda do professor ou de outro adulto:

(Ziraldo. *Curta o Menino Maluquinho*. São Paulo: Globo, 2006. p. 44.)

7 O Menino Maluquinho está conversando com seu amigo Bocão. Qual é a situação nova que o Bocão está vivendo?

__________________________________________________

__________________________________________________

__________________________________________________

8 Bocão conta o que está fazendo, mas o Menino Maluquinho estranha. Das coisas que o Bocão fez, qual é a mais estranha? Raspar os dentes, escovar a porta ou trancar o prato?

__________________________________________________

__________________________________________________

9 Pela lógica, a mãe deve ter dito outra coisa. Ligue corretamente as colunas:

| | |
|---|---|
| • trancar | o prato |
| • raspar | os dentes |
| • escovar | a porta |

10 No segundo quadrinho, o Bocão diz que raspou os dentes e o Menino Maluquinho diz: "ECA!". O que significa essa palavra?

__________________________________________________

11 No primeiro quadrinho, o Bocão diz:

> "... e eu tô fazendo tudo que ela me mandou!".

A palavra **ela** se refere a quem?

__________________________________________________

12 O humor dos quadrinhos está no fato de o Bocão ter feito:

☐ tudo certo o que a mãe pediu.

☐ tudo errado o que a mãe pediu.

13 Vamos brincar de adivinha? Resolva a charada e depois escreva a resposta.

a) O que é, o que é?
Tem cor de terra, mas não é terra
Tem pavio, mas não é vela.

Ilustra Cartoon/Arquivo da editora

b) O que é, o que é?
A primeira coisa que o boi faz de manhã quando sai ao sol?

c) O que é, o que é?
Quando um pato disputa com outro pato, o que acontece?

d) O que é, o que é?
Que trabalhando bem ou mal
Deixa sempre o freguês de boca aberta?

Leia a anedota que segue, com a ajuda do professor ou de outro adulto.

A avó repreende o neto:
— Joãozinho, por que você atirou uma pedra na cabeça do seu amigo?
— Porque **ele** me bateu!
— E por que você não me chamou?
— Pra quê? A senhora não ia acertar **uma**...

Biry Sarkis/Arquivo da editora

14 Escreva nas linhas a que ou a quem se referem as palavras:

a) **ele**:

b) **uma**:

Leia o texto, com a ajuda do professor ou de outro adulto:

Biry Sarkis/Arquivo da editora

## Monstros dentro da gente

Assistindo ao programa "Que Monstro Te Mordeu", da TV Cultura, cheguei à conclusão de que todos nós temos muitos monstros dentro da gente. São os nossos sentimentos ruins, como raiva, egoísmo, ciúmes, inveja etc.

Os monstros ficam guardados e, em alguns momentos, **eles** aparecem e nos fazem sentir mal.

Para um monstro crescer, temos que alimentar o sentimento ruim. E, para fazer o monstro diminuir, temos que perceber que **ele** existe e pensar em coisas boas, pedir ajuda para adultos, amigos, familiares e professores.

Outro dia, um monstro cresceu dentro de mim quando minha mãe mandou eu parar de jogar videogame. Naquele momento, a raiva cresceu, cresceu, cresceu tanto, que eu respondi para **ela**.

Meu irmão veio conversar comigo, e, aos poucos, a coisa ruim foi diminuindo. Pedi desculpas para minha mãe e o sentimento desapareceu. Fiquei aliviado.

Portanto, sempre que perceber que um monstro está perturbando sua vida, procure se acalmar, respirar fundo e fazer o possível para se livrar **dele**.

(Disponível em: https://www1.folha.uol.com.br/fsp/folhinha/212719-monstros-dentro-da-gente.shtml. Acesso em: 11/11/2019.)

**15** De acordo com o texto, o que são monstros que existem dentro de nós? Marque-os.

- [ ] raiva
- [ ] carinho
- [ ] ciúmes
- [ ] egoísmo
- [ ] inveja
- [ ] amizade

**16** O que é necessário para eliminar esses monstros que existem dentro de nós? Marque as opções corretas:

- [ ] Respirar fundo e tentar se livrar deles.
- [ ] Enfrentá-los, lutando com eles.
- [ ] Pedir ajuda a familiares, adultos e amigos.

**17** Escreva a que ou a quem se referem as palavras destacadas no texto.

eles: ______________________________

ele: ______________________________

ela: ______________________________

dele: ______________________________

Leia o texto ao lado com a ajuda do professor ou de outro adulto.

Prefeitura Municipal de Petrópolis/Secretaria de Turismo

**18** Observe as imagens do texto e o que está escrito nele. Marque a opção correta.

- [ ] O texto é um álbum de fotografias da cidade de Petrópolis.
- [ ] O texto é um folheto turístico da cidade de Petrópolis.
- [ ] O texto é um mapa de como chegar à cidade de Petrópolis.

**19** No centro do texto, lemos "Cidade imperial — atrativos". Leia o boxe "Petrópolis" e depois conclua: O que o folheto informa?

______________________________

______________________________

______________________________

______________________________

**PETRÓPOLIS**

Petrópolis é um município do Estado do Rio de Janeiro, conhecido como Cidade Imperial por ter sido fundada por iniciativa do imperador D. Pedro II.

Nessa cidade, que fica na serra e apresenta um clima ameno, o imperador mandou construir um palácio imperial, onde passava os verões com a família.

Petrópolis é hoje uma cidade turística, com várias atrações, como o Palácio Imperial, o Palácio de Cristal, a catedral de São Pedro de Alcântara, a casa de Santos Dumont, a serra dos Órgãos.

**20** No texto, há quatro fotografias. O que você acha que elas mostram?

______________________________________________

______________________________________________

______________________________________________

______________________________________________

______________________________________________

**21** No centro do texto há um selo. Veja:

Prefeitura Municipal de Petrópolis/Secretaria de Turismo

**a)** O que a imagem do selo mostra?

______________________________________________

______________________________________________

**b)** Essas cores são as cores de qual importante símbolo brasileiro?

______________________________________________

**c)** Conclua: O que são os "roteiros do Brasil"?

______________________________________________

______________________________________________

______________________________________________

**22** Se uma pessoa, ao ver o folheto, quiser saber mais sobre passeios na cidade de Petrópolis, o que ela deve fazer? Por quê?

______________________________________________

______________________________________________

# Bibliografia

BAKHTIN, Mikhail. *Estética da criação verbal*. São Paulo: Martins Fontes, 1997.

BATISTA, Antônio Augusto G.; GALVÃO, Ana Maria de O. *Leitura*: Práticas, impressos, letramentos. Belo Horizonte: Autêntica, 1999.

BRASIL. Ministério da Educação. Secretaria de Educação Básica. União Nacional dos Dirigentes Municipais da Educação. Conselho Nacional de Secretarias de Educação. *Base Nacional Comum Curricular*. Versão final, homologada em dezembro de 2017. Disponível em: http://portal.mec.gov.br/conselho-nacional-de-educacao/base-nacional-comum-curricular-bncc.

BRASIL. Ministério da Educação e Cultura. *Pacto nacional pela educação na idade certa*. Disponível em: http://pacto.mec.gov.br/index.php.

________. *Avaliação Nacional de Alfabetização (Ana)*: Documento básico. Brasília: Inep, 2013.

________. *Prova Brasil*: Matriz de referência: Língua Portuguesa 4ª série do Ensino Fundamental. disponível em: http://portal.inep.gov.br/web/saeb/matrizes-dereferencia-professor e http://provabrasil.inep.gov.br/.

________. *Provinha Brasil*: Matriz de referência para avaliação da alfabetização e do letramento inicial. Disponível em: http://provinhabrasil.inep.gov.br/.

COLL, César; MARTÍN, Elena. *Aprender conteúdos & Desenvolver capacidades*. Porto Alegre: Artmed, 2004.

CORACINE, Maria José (Org.). *O jogo discursivo na aula de leitura*. Campinas: Pontes, 1995.

COSCARELLI, Carla Viana; RIBEIRO, Ana Elisa (Org.). *Letramento digital*: aspectos sociais e possibilidades pedagógicas. 3. ed. Belo Horizonte: Ceale/Autêntica, 2011.

COSTA, Marta Morais da. *Sempreviva, a leitura*. Curitiba: Aymará, 2009.

ILARI, Rodolfo. *Introdução à semântica*: brincando com a gramática. São Paulo: Contexto, 2001.

KLEIMAN, Ângela. *Leitura*: ensino e pesquisa. Campinas: Pontes, 1989.

________. *Texto & Leitor*. Campinas: Pontes, 1995.

________; MORAES, Silvia e. *Leitura e interdisciplinaridade*. Campinas: Mercado de Letras, 1999.

KOCH, Ingedore G. V. *A Coerência textual*. São Paulo: Contexto, 1991.

________; BENTES, Anna Christina; CAVALCANTE, Mônica Magalhães. *Intertextualidade*: diálogos possíveis. São Paulo: Cortez, 2007.

________; TRAVAGLIA, Luiz C. *Texto e coerência*. 4. Ed. São Paulo: Cortez, 1995.

LAJOLO, Marisa; ZILBERMAN, Regina. *Das tábuas da Lei à tela do computador*: a Leitura em seus discursos. São Paulo: Ática, 2009.

MACEDO, Lino de; ASSIS, Bernardete A. (Org.). *Psicanálise & Pedagogia*. São Paulo: Casa do Psicólogo, 2002.

MACHADO, Nilson José; MACEDO, Lino de; Arantes, Valéria Amorim. *Jogo e projeto*. São Paulo: Summus, 2006.

MARIA, Luzia de. *Leitura & Colheita*: Livros, leitura e formação de leitores. Petrópolis: Vozes, 2002.

MARTINS, Maria Helena. *O que é leitura*. São Paulo: Brasiliense, 2004.

PERRENOUD, Philippe. *Construir as competências desde a escola*. Porto Alegre: Artmed, 1999.

ROJO, Roxane; MOURA, Eduardo (Org.). *Multiletramento na escola*. São Paulo: Parábola, 2012.

SCHNEUWLY, Bernard; DOLZ, Joaquim. *Os gêneros orais e escritos na escola*. Tradução e organização de Roxane Rojo e Glaís Cordeiro. Campinas: Mercado de Letras, 2004.

SOLÉ, Isabel. *Estratégias de leitura*. Porto Alegre: Artmed, 1998.

ZILBERMAN, Regina da Silva (Org.). *Leitura*: perspectivas interdisciplinares. São Paulo: Ática, 1999.